西北民族地区特色村寨旅游扶贫研究

王耀斌　魏宝祥　著

中国旅游出版社

目 录

第1章

扎尕那简介

1.1 地理位置

扎尕那村位于甘肃省甘南藏族自治州迭部县西北 30 余公里处的益哇乡，经度为 103.192027°E，纬度为 34.237395°N，平均海拔 3000~3300 米，最高山峰的海拔达到了 4500 米。扎尕那村三面都是高山，中间是传统的藏族村落，宛如一座巨大的“石城”。

1.2 自然环境

扎尕那是天然石头城，藏语意为“石匣子”。地形包含山峰、石林、峡谷、河流、原始森林和第四纪冰川遗址等，既像一座规模宏大的巨型宫殿，又似天然岩壁构筑的一座完整的古城。正北是巍峨恢宏、雄伟壮观、璀璨生辉的光盖山石峰，古称“石镜山”，因灰白色岩石易反光而得其名；东边耸峙壁立的峻峭岩壁，凌空入云，云雾缭绕；南边两座石峰拔地而起，相峙并立成石门；再南至东哇、纳加一带，峭壁矗立，清流跌宕，水磨飞轮，流转不息。

扎尕那多年平均气温 6.1℃ ~7.2℃，最冷月 1 月平均气温 –4.1℃，最热月 7 月平均气温 15.9℃，全年无霜期 126~180 天。降水多集中在夏秋季，降水空间分布不均，随海拔高度的降低而递减，高山多于河谷。多年平均降水量为 625.6 毫米，其中，夏季占 50.6%，秋季占 24.8%，年平均降雪日 198 天。

1.3 社会环境

为提高村民的生活质量，当地政府围绕村道硬化、垃圾处理、卫生改厕、污水治理等内容，加大了对基础设施的投资力度。2016 年，扎尕那村不仅实施完成了东哇村 600 米村道硬化工程，而且还在业日村实施了易地搬迁项目，总投资 270.5 万元，其中 4.5 万元用以实施 700 米排污水管安装工程，26 万元用以实施文化活动广场建设工程。为完善当地旅游服务体系，通过村民自筹和政府支持，投资 100 万元进行观景台和旅游厕所建设项目。易地搬迁项目、道路硬化工程及旅游服务体系的建设不仅改善了扎尕那村的人居环境，而且在一定程度上提高了扎尕那村旅游的可进入性。

1.4 经济条件

扎尕那全村共有 4 个村子，分别是东哇村、业日村、达日村、代巴村。受宗教信仰的影响，扎尕那村村民基本不外出打工，其收入靠农业和畜牧业来获取。作为一个半农半牧的藏族村寨，2016 年，扎尕那村共有耕地面积 1094 亩，大小牲畜存栏数 1.6 万余头（只）。

该村作为民族地区乡村旅游的典型代表，一直以来是旅游减贫的重点地区。随着扶贫工作的开展，村民的收入也在逐渐增多。第一，旅游扶贫工作的开展。扎尕那村的村民修建起了农家乐，为游客提供吃饭、住宿服务。第二，通过私家车进行“跑车”业务，在迭部县城和扎尕那景区之间往返来获取收益。第三，在景区门口租赁房屋来销售当地土特产和具有藏族特色的工艺品，以此来获得收益。第四，通过轮流牵马来获取收益。第五，景区开放时间内，当地村民轮流进行售票管理，在年底的时候对门票收入进行分红。

近年来，随着旅游知名度的提升，前往扎尕那村旅游的人数也在逐渐增加。2017 年国庆节当天，自驾车辆多达 500 辆，进入扎尕那景区的游客达 1100 多人，实现景区门票收入 11000 元。全村四个村民小组 207 户共 1534 人，其中约 70% 为农户。经过多年的旅游减贫，大部分村民已经过上了较为富裕的生活，但依然有部分村民处于贫困状态。可见，旅游扶贫工作的实施为扎尕那村的村民带来了实在的好处。与此同时，参与旅游活动的村民经济收入迅速增加，而因为各种原因没有参与旅游业的村民收入却停滞不前，这可能造成了村民之间贫富差距的拉大。

1.5 资源条件

扎尕那具有独特的生态环境和丰富的旅游资源。扎尕那天象与气候景观类资源比较丰富，云雾多发区有扎尕那山、镜泊山、光盖山；避暑气候地有扎尕那、东哇村等；气候景观有迭山横雪。石门金锁、迭山横雪、纳加烟雨、林海雾凇、光盖山日出、云雾缥缈扎尕那等成为扎尕那风景区的标志性名片。扎尕那属长江流域嘉陵江水系的白龙江流域，景区内的河流主要有白龙江支流益哇曲、当多曲等，水资源丰沛。

扎尕那山峦重叠、峡谷纵横、云雾缭绕、宛如仙境；农田、河流、藏寨、寺庙相互映衬；藏族村寨、原始森林和第四纪冰川地貌遗迹在此会聚；藏寨内游牧、农耕、狩猎和樵采等多种生产活动合理搭配和互补融合，使这里成为人与自然和谐相处的一个典范。

1.6 扎尕那乡村旅游发展历程

1.6.1 乡村旅游发展萌芽阶段（1995—2008年）

伴随着 1995 年江迭公路的开通，扎尕那当地原始封闭的自然文化环境与现代文化开始了交流，1995—2008 年，扎尕那还没有进行旅游宣传，到访当地的游客数量不多，当地乡村旅游的发展几乎可以忽略不计。交通可达性的增强，使得扎尕那村与周边村镇、县城的交流机会增加，尤其反映在扎尕那村村民子女的教育交流方面，这就使得扎尕那村优美的自然风光与特色村寨逐渐被曝光，扎尕那村作为旅游地的潜力已开始逐渐显现，吸引了部分游客前往。当地村民在这一变迁中了解到为游客提供住宿、饮食、商品可以赚钱补贴家用，极少数村民将自家住房进行了简单装修以供游客住宿，当地村民逐步有了模糊的旅游概念。

1.6.2 乡村旅游发展的雏形阶段（2009—2011年）

2009 年《中国国家地理》杂志上刊登了一篇介绍“中国十大非著名山峰”的文章，扎尕那峰位列第四，相关的媒体、报刊一时也争相报道这一人间胜境，扎尕那峰的知名度迅速提升。同时由于当时社会经济整体上发展比较迅速，更多的游客前往扎尕那村进行旅游活动。随着游客的涌入，旅游产业的经济效益显现得越来越明晰，扎尕那村的村民们开始争相改造房屋以从事农家乐（藏家乐），扎尕那村的乡村旅游发展开始显现雏形，这一阶段扎尕那乡村旅游发展的动力主要依托于当地村民的自发逐利型行为。

1.6.3 乡村旅游发展政府介入阶段（2012—2017年）

2012 年之前因为旅游效应不明显，官方无统计数据，自 2012 年有官方统计数据以来，扎尕那景区年游客量统计数逐年递增，2012 年的游客量已达到 12.3 万人次，到 2017 年已高达 56.55 万人次（见图 1–1）。

也正是由于迭部县政府相关职能部门的关注，自 2012 年起当地政府开始介入扎尕那村的乡村旅游发展。主要表现在以下三个方面：首先，限制了新增农家乐（藏家乐）的修建，一方面是响应中国政府的农村宅基地政策，另一方面也是为了防止扎尕那这一藏族特色村寨因为修建农家乐（藏家乐）导致的文化消亡，保证当地藏族文化的原真性传承。其次，对当地旅游景区的开发进行了总体规划，主要体现在对扎尕那景区基础设施的完善方面，但同时由于财政资金的短缺，对于分布于东哇与业日之间的峡谷景区以及分布于达日与代巴的其他景区并未进行后续的开发。最后，对当地景区的宣传，经过多年政府主导的旅游宣传，扎尕那景区已经成为甘南藏族自治州极为有名的景点，这也是扎尕那景区游客量逐年高速增长的重要原因。

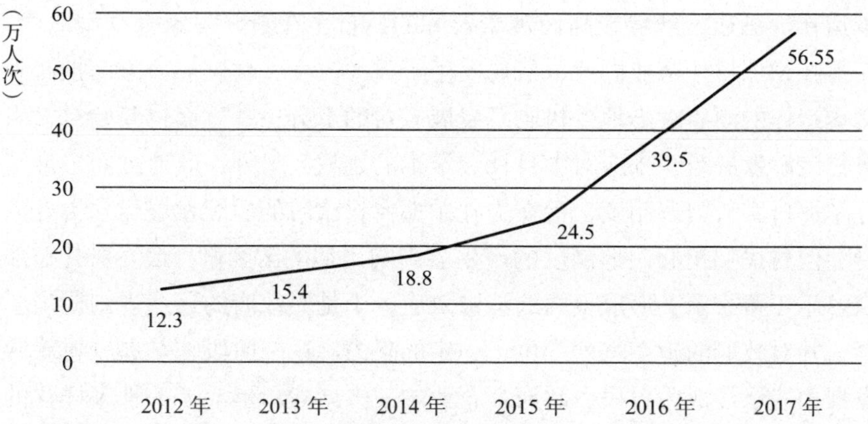

图1-1　扎尕那景区年游客量统计

当地村民在这一阶段可以分享到乡村旅游发展红利的方式主要在“住”和“游”上，有经营农家乐（藏家乐）、在扎尕那景区内牵马（牛）供游客骑行或拍照（村民自发组织，秉持机会均等原则）、景区对每人收取的 10 元环境保护费（村民挨家挨户去扎尕那景区内清除游客带来的垃圾，收益平分），而“食”主要由景区门口的几家饭馆提供（主体非当地村民），“行”主要由游客自驾或旅游团包车解决，“购”和“娱”相应的旅游产品在扎尕那乡村旅游这一阶段几乎是缺失的。也因此，当地村民在这一阶段参与旅游发展的主要方式就是农家乐（藏家乐）。扎尕那乡村旅游在这一阶段形成了“政府 + 村民”的双重动力发展模式。

1.6.4 乡村旅游发展多样化阶段（2018年至今）

扎尕那村的乡村旅游发展至 2017 年，已经拥有了较为良好的市场现状及前景，社会各界的资本也逐渐注意到了这一地区，2018 年已有由外界资本助推的企业进驻扎尕那，但对当地村民自身发展影响最大的主要聚集在住宿业，据不完全统计，距离扎尕那景区最近的东哇村已经有三家由外来资本运作的酒店，地势较高而观景较好的达日也在新修一家豪华型酒店，这使得扎尕那村住宿业的竞争格局发生了重大改变，村民们一方面抵制外地资本运作的酒店对当地乡村旅游发展效益的瓜分，一方面也开始自发组建乡村旅游发展组织来应对来自社会资本的挑战。另外，政府方面也准备对扎尕那村实行门票制度，旨在为扎尕那乡村旅游的后续发展建立更好的平台，但村民们担心门票制度的产生会影响当地的游客量，最终对扎尕那村农家乐（藏家乐）形成负面的消极效应，于是对政府的这一规划提出了质疑，并对政府的施工进度产生了一定的阻力。这一阶段扎尕那乡村旅游的发展模式已经成为村民、政府、企业的三方博弈，形成了一种多样化的乡村旅游发展助力模型。

第2章

民族地区多维贫困测度乡村旅游扶贫对象精准识别研究

2.1 研究现状

2.1.1 国外研究现状

2.1.1.1 整体分析

运用 Elsevier Science Direct、Taylor & Francis 外文数据库，以“rural pro-poor tourism”“rural tourism+poverty”为关键词，以 1987—2017 年 6 月为文献检索时间，共检索到包括论文、研究报告在内的相关文献共 147 篇，从刊源来看，文献分布比较集中，主要有 *Tourism Management Annals* 和 *Tourism of Research* 两大期刊。利用 ROSTCM6 软件对 147 篇相关文献的研究主题进行词频提取，从高到低依次为 development（发展）、economic（经济）、community（社区）、sustainable（可持续）、impact（影响）、South Afraic（南非）、heritage（遗产）及 agriculture（农业）。

国外较早关注到旅游在减贫方面的作用，对发展乡村旅游与减少贫困的研究经历了三个阶段：第一阶段为 1987—1989 年，这是国外乡村旅游扶贫研究的起步阶段，该阶段的研究成果主要集中在旅游的经济影响方面，如促进贫困乡村的经济发展、带动就业等；第二阶段为 1990—1999 年，这是国外乡村旅游扶贫研究的快速发展阶段，这一阶段可持续旅游、生态旅游、社区旅游等小生境旅游成为研究的重点，对于乡村贫困人口的参与问题、获利及消除贫困问题也包括在这些研究中，但就乡村贫困对象缺少应有的关注；第三阶段为 2000 年至今，这是国外乡村旅游扶贫研究逐渐走向成熟并开始回归本质的阶段，该阶段研究的焦点开始转向乡村贫困人口，开始关注一些乡村弱势人群的诉求，而针对乡村旅游与扶贫的研究也开始回归本质。

由图 2-1 可以看出，从 1987 年至 2017 年 6 月，国外有关乡村旅游扶贫的研究无论在发文量还是在作者数量方面，均呈现出明显的上升趋势，尤以 2000 年以后的上升趋势最为明显。这表明乡村旅游在改善农村经济状况、带动当地贫困人口就业等农村贫困问题方面的作用逐渐被国外学者所认识。

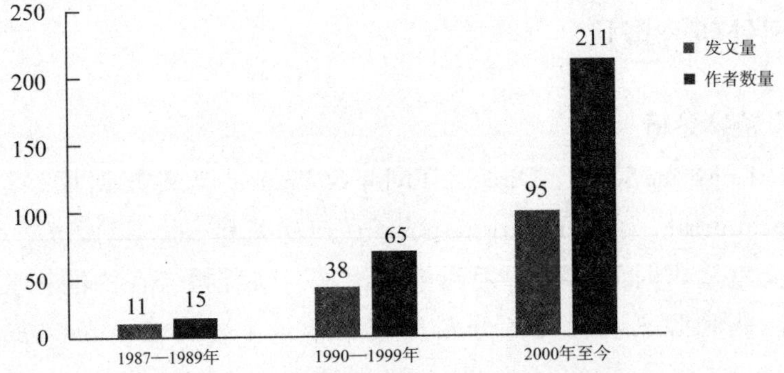

图 2-1　国外乡村旅游扶贫研究发文量、作者数量统计

2.1.1.2 主要研究内容

（1）乡村旅游扶贫影响研究。

①乡村旅游的经济影响。旅游所产生的经济影响是旅游扶贫第一阶段的研究焦点，也是国外学者较早关注的一个方面。Ashley 等的研究表明，在许多贫困发生率较高的国家，旅游收入占据其国内生产总值的绝大部分。Oliver Bennett 等的研究同样表明，发展旅游可带动就业，提高贫困人口的收入水平，并且可以赚取外汇，吸引外国投资和促进私人企业的发展。无可否认，旅游对贫困地区经济的促进作用是巨大的。但也有研究表明，由于薄弱的经济基础，贫困地区容易对外国资本产生依赖，导致严重的经济漏损，社会经济不平等现象也随之出现，尤其是贫困的小岛屿发展中国家表现得较为明显。例如，Taylor、John E. 针对库克岛旅游发展的研

究表明，由于小岛屿发展中国家和地区的社会经济对旅游业过度依赖，使得旅游替代产业逐渐失去了生存空间，加之这些国家和地区的旅游业容易受到国际垄断组织的控制，导致经济漏损逐步扩大，贫困人口并没有从旅游发展中获取经济利益。而 Mcculloch 等的研究进一步证实了这一观点，他指出：55%~75% 的旅游支出最终回流到发达国家，贫困地区获得的经济利益十分有限。

②乡村旅游的非经济影响。旅游发展给贫困地区带来经济影响的同时，其产生的非经济影响也同样显著，而这种显著的非经济影响则主要表现在旅游对贫困地区的社会、文化及环境的正、负面影响上。例如，Kevin Kiernan（2013）以老挝为个案进行研究，揭示了自然保护与减少贫困之间的关系，指出将其作为贫困地区的减贫方式，会产生显著的效果；Gyan P. Nyaupane 和 Surya Poudel 针对尼泊尔国家公园的研究表明，旅游不仅有助于改变当地居民保护生物多样性的态度、减少人们对自然资源的依赖，而且还具有提升居民生活质量的作用；此外，随着旅游的发展，贫困地区交通条件的改善，人口素质的提高，符合旅游扶贫的目标。显然，旅游发展给贫困地区带来的正面影响是显著的，但其产生的负面影响同样不容忽视。例如，Mastny L. 在其研究中指出，在水资源匮乏的地区，旅游者对水资源的大肆浪费，不仅加重了当地缺水的状况，还影响了当地贫困人口的生活。由此可以看出，旅游发展并不是解决贫困地区贫困现状的万能药，而是要在合理的规划下才能取得应有的成效。

（2）乡村旅游扶贫绩效研究。在乡村旅游扶贫绩效研究方面，国外主要从乡村旅游扶贫影响因素、乡村旅游扶贫所带来的综合效益、乡村贫困人口的受益和代价等不同方面对旅游扶贫进行研究。对于乡村旅游扶贫绩效评估对象的选取，国外学者主要侧重经济发展落后而旅游资源相对丰富的非洲、南美洲、亚洲等发展中国家或地区。例如，Ashley 等（2001）较早地指出在一些地区，旅游被当地的一些精英分子所控制，导致相对富有人的收益远远大于最贫困人口，从而使得贫富差距扩大；Rogerson C. M.（2002）在对南非普马兰加 Meander 地区的研究中发现旅游对当地社区的影响并不均衡，黑人社区受到的利益十分有限；León Y. M.（2007）根据对多米尼加沿海地区的 23 个社区的研究，指出社区特征包括年龄、国内线路等在内的因素对旅游就业的重要作用；Andrew Lepp（2007）以社区居民的角度出发，指出居民对旅游所持有的积极态度可以为社区发展创造机会。

2.1.1.3 研究方法

国外对乡村旅游扶贫的研究，以定量分析为主，且方法多样，其中旅游乘数效应是国外学者研究乡村旅游扶贫常用的一种研究方法，如 Mayer M.（2010）运用乘数效应法，测度了旅游消费对区域经济结构、规模的影响。近年来，地理学、管理学等相关学科的研究方法被逐渐引入旅游扶贫的相关研究中，如 Deller S.（2010）利用地理加权回归模型研究了旅游对美国农村贫困率方面的作用，指出旅游在解释贫困发生率和限制空间变异方面所起的作用较小；Blake A.（2008）、Wattanakuljarus A.（2008）运用可计算的一般均衡理论（CGE）从宏观的尺度研究了旅游业对贫困减少的经济作用；Mitchell J.（2007）借助价值链分析了冈比亚包价旅游对扶贫的作用。此外，如访谈、问卷调查、数理统计等旅游学、社会学常用的方法也被广泛地用于旅游扶贫的相关研究中。例如，Moustafa A. Mekawy（2012）利用问卷调查法，探讨了旅游业及其相关产品对于改善贫困人口生活条件所起到的作用。

2.1.2 国内研究现状

2.1.2.1 整体分析

基于 CNKI 中国知网核心期刊全文数据库，以“旅游扶贫 + 乡村”“乡村旅游扶贫 + 民族”为核心关键词，以 1998 年至 2017 年 6 月为文献检索时间（从出现该类相关研究至今），共检索到 275 篇符合条件的文献，其中期刊文献 217 篇、硕博士论文 22 篇、会议类文献 7 篇、报纸类文献

29 篇。由图 2–2 可以直观地看出，1998 年至 2017 年 6 月，乡村旅游扶贫研究，无论是发文量、作者数量还是研究机构都呈现出上升趋势，表明乡村旅游扶贫已逐渐走向人们的视野，其对贫困地区所起到的积极作用也被人们所认识。从作者数量来看，在检索时间段内，2016 年的作者数量达到最高水平。在这一年里，随着《关于落实发展新理念加快农业现代化实现全面小康目标的若干意见》《乡村旅游扶贫工程行动方案》《关于实施旅游休闲重大工程的通知》等政府文件的相继出现，引起了国内学者对乡村旅游扶贫的重视，并对其展开了广泛、深入的研究，使得发文量不断上升。另外，从发文数量和研究机构数量来看，两者的递增速度大体一致，其中，发文数量略高于研究机构的数量。

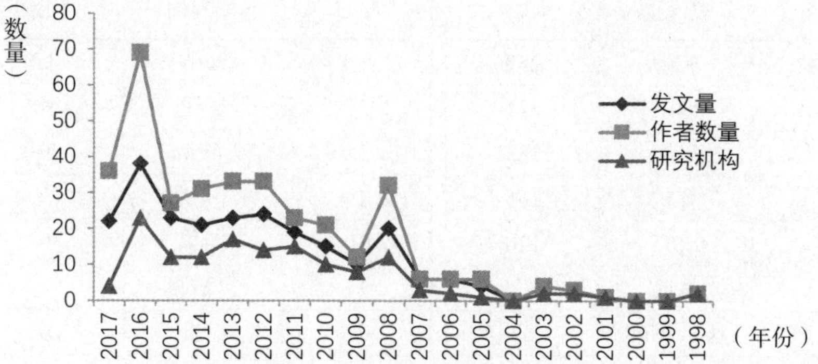

图2–2　国内乡村旅游扶贫研究发文量、作者数量、研究机构数量

借助 ROST MT6 软件的高频词汇、社交语义分析功能，对检索到的 275 篇符合条件的文献主旨进行高频词汇、社交语义分析（见表 2–1、图 2–3）后发现，1998 年至 2017 年 6 月，我国乡村旅游扶贫的研究主题主要集中在宏观区域性的实证研究（广西、贵州、四川、西南、东南、云南）；绩效研究（经济、效应、价值）；问题、对策研究（影响）；扶贫模式研究（路径）；贫困人口参与研究（社区、参与、居民）；扶贫机制研究（新农村、生态）等。从图 2–2 可以看出，我国乡村旅游扶贫研究大致经

历了4个阶段：第1个阶段（1998—2006年），这是我国乡村旅游扶贫研究的起步阶段，研究的重点主要是旅游发展对民族贫困地区所起到的经济作用；第2个阶段（2007—2009年），这是我国乡村旅游扶贫研究的初步阶段，研究内容大多针对旅游扶贫开发、扶贫问题与对策的探索；第3个阶段（2010—2015年），这是我国乡村旅游扶贫研究的快速发展阶段，在这一阶段，研究的重点开始转向贫困人口在旅游扶贫中的参与与受益问题；第4个阶段（2016年至今），乡村旅游扶贫研究范围逐渐扩大，开始关注乡村旅游扶贫绩效、旅游扶贫与精准扶贫之间的关系问题、扶贫路径与模式的探讨等。

表2-1 民族地区乡村旅游扶贫50个高频词汇

序号	关键词	词频	序号	关键词	词频
1	旅游	258	26	影响	11
2	地区	251	27	居民	10
3	民族	183	28	企业	9
4	乡村	165	29	微型	9
5	研究	120	30	四川	9
6	发展	79	31	自治州	9
7	少数民族	62	32	苗寨	9
8	开发	53	33	贵州省	9
9	建设	29	34	选择	9
10	模式	27	35	西南	9
11	广西	26	36	生态	8
12	分析	25	37	东南	8
13	问题	19	38	社会	8
14	对策	19	39	探讨	8
15	文化	19	40	构建	8
16	新农村	16	41	视角	8
17	贵州	15	42	云南	7

序号	关键词	词频	序号	关键词	词频
18	西部	15	43	自治县	7
19	思考	14	44	效应	7
20	社区	12	45	苗族	7
21	参与	11	46	实践	6
22	路径	11	47	实证	6
23	创新	11	48	价值	6
24	机制	11	49	关系	6
25	经济	11	50	湘西	6

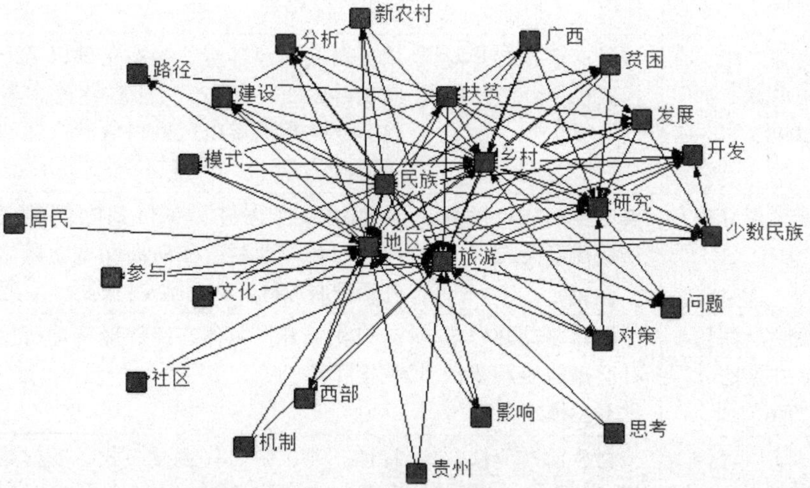

图2-3　民族地区乡村旅游扶贫社交语义网络

2.1.2.2 主要研究内容

（1）旅游扶贫模式研究。乡村旅游的快速发展，不可避免地出现诸如经济效益、文化保护、利益分配等问题，根据贫困地区的基本条件、旅游资源状况，探索适合当地的旅游扶贫模式逐渐受到国内学者的广泛关注，基于旅游扶贫开发模式的研究也开始涌现。从现有研究成果来看，涉及旅游扶贫开发模式的研究较多以某一案例地为研究对象进行具体研究，也有以整体为对象展开研究的。由表 2–2 可知，我国乡村旅游扶贫开发模式的研究主要集中在旅游产业扶贫模式、参与式旅游模式、典型民族村寨建设模式等几个方面。其中，旅游产业扶贫模式在推动民族地区脱贫、减贫方面所起到的作用逐渐受到专家学者的重视，而对于参与式旅游扶贫模式的研究则相对较少，应进一步加强。

表 2–2　旅游扶贫模式研究

研究学者与年份	开发模式	内容
谭丽燕、李月兰（2006）	参与式旅游扶贫开发模式	政府引导，专家指导，旅游职能部门具体实施，农户直接参与旅游资源开发与旅游产品经营
覃建雄、张培、陈兴（2008）	旅游产业扶贫开发模式	依托秦巴山区环境、生态条件以及原生态的乡村田园风光，打造特色“避暑村”，构建巴秦山区乡村旅游产业扶贫示范村
徐燕、殷红梅（2011）	典型乡村旅游村寨扶贫建设模式	典型民族文化村、乡村观光休闲度假区、特色产业村、旅游商品专业区、户外运动服务村、红色旅游村建设
杨德进、白长虹、牛会聪（2016）	旅游者驱动开发与社会型旅游产业带动开发模式	组织相关开发主体在民族地区进行旅游扶贫开发
鲍青青、郭传燕（2016）	乡村旅游产业扶贫模式	特色产业旅游名村建设模式、乡村旅游特色产业融合模式

（2）旅游扶贫绩效研究。民族地区乡村旅游扶贫绩效研究，主要集中在扶贫绩效评估体系的构建、扶贫绩效影响因素以及扶贫绩效差异研究方面。在构建旅游扶贫绩效评估体系方面，从整体上来看，主要侧重宏观、微观两个方面，但是在实际研究中则较多侧重宏观层面，即从经济、环境、社会的角度对旅游扶贫绩效进行评估。例如，周建华、沈国琪根据全国 158 个观测点的数据，从经济、社会以及生态效益三个层面构建了乡村

旅游扶贫成效评估体系；王晴（2013）从经济、社会、生态 3 个维度构建了西藏当雄县乡村旅游扶贫绩效评价的感知量表；何红以科学性、系统性、重点性、层次性、实用性为原则，基于旅游地居民受益问题、资源永续利用问题、旅游扶贫产业链问题，构建了涵盖社会、经济、环境在内的集中连片特困区域旅游扶贫绩效评价体系，为衡量贫困地区旅游发展状况、判定旅游扶贫效果起着重要的指导作用。由于贫困的多维性以及区域、环境、历史文化背景的差异，目前旅游扶贫绩效评估指标体系尚不明确，缺少适合大多数包括民族地区在内的旅游精准扶贫绩效的评价指标体系框架。扶贫绩效影响因素研究方面，研究方法较多采用理论抽象与归纳，缺少具体的实证研究。此外，由于缺少乡村旅游扶贫相关的经济统计数据，导致现有的实证研究结论欠缺可靠性。扶贫绩效差异研究方面，通过对旅游扶贫经济、社会文化的感知，分析当地居民的实际经济收益情况。例如，李佳、田里（2016）以四川藏区为研究对象，对 3 个旅游发展模式不同的社区进行实证对比分析，探讨了连片特区民族地区居民的实际收益情况。

（3）旅游扶贫参与研究。

①旅游扶贫参与主体研究。作为旅游扶贫的对象，社区贫困人口在旅游扶贫中扮演着双重角色，即有着旅游扶贫客体和主体的双重身份，是促进旅游扶贫工作顺利进行的内源动力之一。近年来，以贫困乡村社区居民为参与主体的研究逐渐受到学者的关注。例如，丁焕峰（2006）通过分析贫困社区旅游开发中参与的内涵、参与旅游发展及其规划的基本出发点和实践框架，得出社区参与旅游是一种可持续的旅游扶贫模式的结论。饶勇、徐圆（2016）以广东省新丰县利坑村为例，运用深度访谈以及参与式观察等研究方法，揭示出乡村社区增权、村民直选等措施对解决旅游扶贫开发中贫困社区边缘化、村民非理性对抗等问题意义重大；蒋丽（2015）以汝城县民族乡镇为例，基于社区参与理论，构建了民族地区旅游扶贫精准机制、旅游扶贫信贷机制、旅游扶贫培训机制、旅游扶贫利益分配机制以及旅游资源开发与保护良性互动机制。当然，旅游扶贫是一项长期而又复杂的工程，打赢扶贫攻坚战需要来自政府、旅游企业、社区居民以及各

社会团体的努力，尤其需要旅游扶贫中各利益相关者的共同努力。因此，针对旅游扶贫参与主体的研究，不能仅仅强调政府组织在旅游扶贫中发挥的作用，对于非政府组织以及各社会团体在旅游扶贫中所产生的影响同样需要关注。

②贫困人口参与旅游扶贫研究。贫困人口参与旅游发展，是实现贫困人口从旅游发展中获益和增加发展机会的有效途径（邓小海），也是国内学者的研究重点之一。从现有研究成果来看，目前针对贫困人口参与旅游扶贫的研究主要集中在参与障碍研究、参与受益问题研究。在贫困人口参与旅游扶贫的障碍研究方面，经济基础薄弱、信息难以获取、缺少资金、抗风险能力差被普遍认为是贫困人口参与旅游扶贫的主要障碍。由于自身原因，贫困人口在参与旅游扶贫的过程中会存在不同的障碍和门槛，即使是同质的贫困人群，在参与旅游发展的过程中也会面临不同的障碍。因此，要深入探析贫困人口参与旅游扶贫的障碍原因，而不能仅仅停留在参与障碍的归纳上。在贫困人口受益研究方面，主要涉及合理的利益分配。例如，王永莉（2007）以四川民族地区为例，在分析制约贫困人口受益原因的基础上，提出构建让贫困人口在旅游扶贫中受益的良好机制；刘春莲、李茂林（2012）以南花村为研究对象，根据当地的旅游扶贫实践，指出贫困人口是否在旅游发展中受益应作为乡村旅游扶贫的核心问题；鲁明勇（2011）从产权的角度出发，研究发现不同的产权形式决定了乡村旅游利益相关者的分配和行为方式，因此要科学地确认村民股权，维持好股份合作经营过程。

（4）旅游扶贫问题与对策研究。由表 2–3 可以看出，目前缺少政策支持、开发盲目、“贫困人口”参与程度低、资源保护意识淡薄成为我国旅游扶贫开发面临的主要问题。受经济利益的驱使，盲目开发旅游商品，以当地资源换取经济利益成为旅游扶贫开发不可避免的问题，而此时如果缺少强有力的政策和法律支持，则会使局面更加混乱。因此，如何科学规划、有效调动“贫困人口”的参与程度，提高当地居民资源保护意识，使旅游扶贫发挥出应有的成效，是我们需要进行深入研究的课题。

表 2-3　旅游扶贫问题与对策研究

作者及年份	问题	解决对策
郭清霞（2003）	将旅游扶贫简单地等同于旅游开发；急于求成；把陋习当成特色开发	政府扶持，规划先行；资源有价，群众共享；全程引导，追踪培训；保护环境，找准特色
李莉（2013）	旅游发展投入不足；旅游扶贫模式单一；农民参与程度较低；资源保护意识淡薄	政府主导政策扶持；实行立体化旅游扶贫模式；构建社区参与系统；加强资源环境保护
蒋焕洲（2014）	“贫困人口”参与程度低，受益被边缘化；旅游扶贫开发盲目，旅游产品雷同、质量差；旅游扶贫投入机制单一，乡村旅游开发转型升级困难；旅游扶贫绩效弱，“旅游飞地”问题突出；旅游扶贫专门人才匮乏，不能适应旅游扶贫开发的需要	充分发挥政府的主导作用；构建市场主体的多渠道筹资体系；瞄准“贫困人口”，构建有利于“贫困人口”受益的旅游扶贫模式；构建本地化产业链，实现“旅农”互助发展；加强旅游专业人才培养，为乡村旅游扶贫开发提供强有力的人才支撑
陈袁丁（2014）	缺少有力的政策和法律支持；原生态文化逐渐被舞台化，失去原有的文化内涵；旅游产品样式单一，质量粗糙，缺乏新意	科学规划，协调开发；政府主导，市场运作；提高认识，增加投入；创新模式，因地制宜；挖掘特色，突出内涵；居民参与，大众获益

2.1.2.3 研究方法

从现有研究成果来看，目前数理统计方法是国内学者较为常用的一种研究方法。例如，杨秋宁（2016）以广西壮族自治区隆林县德峨镇为例，采用数理统计方法，分析了当地妇女对旅游扶贫效应的感知程度；姚娟、陈飙、田世政（2008）以新疆昌吉州杜氏农庄为例，以游客感知理论为基础，采用数理统计的方法，对中西部乡村旅游六要素的游客感知质量进行对比研究。随着对民族地区乡村旅游扶贫研究的逐渐深入，诸如层次分析法（AHP）、数据包络分析（DEA）、参与式农村评估法（PRA）及模糊分析法等开始在这一研究范畴中被应用。例如，龙祖坤等（2017）以韶山市新湖村为研究案例地，以当地贫困户为研究对象，采用数据包络分析法（DEA），对该村的旅游扶贫效率进行测算，在此基础上阐述了旅游精准扶贫机制的运行机制及构成；张海燕、向媛以湘西土家族苗族自治州为研究对象，运用层次分析法（AHP）在构建民族地区贫困地区乡村旅游扶贫绩效评价体系的基础上，对当地乡村的旅游扶贫绩效进行了评价；洪京（2009）以邵阳为例，运用参与式农村评估法（PRA）与其他社会学调查法，对乡村地区旅游扶贫中贫困人口受益机制进行了实证研究；向延平以德夯苗寨为研究对象，采用模糊数学方法分析了旅游扶贫对当地民族关系产生的正负面影响。从整体上看，在旅游扶贫研究方法上，以定性分析为主，定量研究较为缺乏。

2.1.3 国内外研究评述

2.1.3.1 国内外研究内容对比分析

国外旅游扶贫相关研究开始得较早，也较为成熟。旅游扶贫理论方面，PPT 和 ST-EP 理论的深入研究，为旅游扶贫实践研究奠定了充实的理论基础；在研究内容方面，旅游扶贫模式涉及自然旅游、文化遗产旅游的开发、旅游产业各部门之间的内在联系，为旅游扶贫提供了较为全面的发展方式，但针对贫困人口受益模式的研究相对较少，需要加强；在贫困人口参与方面，社区参与旅游能有效地促进当地经济的发展，为贫困人口提供多样化的参与渠道，但其可持续性需要在合理的规划下才能成功；研究区域选取方面，主要以发展中国家或地区为主，缺少微观单元的实证分析。与国外相比，我国旅游扶贫系统化研究开始得较晚，但成果较为显著。在国内，旅游扶贫作为一种有效消除乡村贫困的方式已得到较为广泛的共识，从旅游扶贫开发的具体实践所总结的经验、教训为进一步研究奠定了良好的基础。但与国外较为深入的 PPT 和 ST-EP 研究相比，我国的系统化旅游扶贫研究尚处于初级阶段。在研究对象的选取方面，缺少明确的扶贫目标以及对贫困人口应有的关注；在研究内容方面，偏重宏观分析，缺乏微观研究，较少涉及具体的解决方案、机制的建立以及模式的设计等，而对贫困人口在旅游中的作用、参与程度则基本没有涉及。

2.1.3.2 国内外研究方法对比分析

国外旅游扶贫相关研究以定量分析为主，且方法多样。随着旅游扶贫相关研究的逐渐深入，诸如访谈、问卷调查、数理统计等社会学、经济学的相关研究方法也被广泛应用到旅游扶贫研究中，但是在贫困人口的定量识别以及致贫原因的识别方面仍需进一步加强。与国外相比，我国的旅游扶贫相关研究侧重于定性分析，定量分析较为缺乏，虽然涉及一些经济学分析方法，但仅局限于旅游的一般性区域经济效应，借助于经济学的相关理论对目标地区贫困人口进行定量识别的研究更为缺乏。另外，案例研究仅局限于一般性的描述和分析，深入的“案例研究”较为缺乏。与国外相同的是，诸如访谈、问卷调查法等旅游学和社会学常用方法也被广泛用于我国的旅游扶贫相关研究中，但这些方法所带有的主观性较强，所得到的数据的准确性则有待考量。而在旅游扶贫对象的识别方面，从目前国内外旅游扶贫的相关研究来看，在贫困人口识别维度和指标的选取上，较多侧重于经济层面，并且缺少对维度指标的量化处理，而针对贫困人口致贫原因的量化识别则更显不足。

2.1.3.3 国内外需扩展的研究内容与方法

通过国内外研究内容的对比分析可以发现，以贫困人口为核心的研究内容较为缺乏，尤其是对贫困人口的精准识别更是寥寥无几，需要进一步扩展。当然，旅游扶贫的受益者不能也不应该仅仅局限于贫困人口，但是保证贫困人口的利益并为其发展创造机会，是扶贫的主导目标。在旅游扶贫实践过程中，受自身因素的影响，贫困人口常常被排挤在经济增长的受益群体之外，抑或是在扶贫开发中获利较低，甚至随着旅游的发展需要付出的代价要高于其所得。对于处于最底层的贫困人口而言，仅仅是生存环境出现了“旅游开发”的大背景，还不足以改变他们贫困的根源性问题。此时，提高旅游扶贫的精准化程度则成为解决问题的关键，而要提高旅游扶贫的精准度，就必须对贫困人口进行精准识别，但目前鲜有对这一方面的研究。而在旅游扶贫的研究方法方面，长期以来，对旅游扶贫对象的识别较多以收入单一维度来反映家庭及个人的贫困状况，不仅不能适应目前贫困性质转移下的贫困问题，而且还会降低旅游扶贫的精准度。因此，在对旅游扶贫对象进行精准识别时，要根据目标地区的实际状况，采用多维的方法和视角对目标地区的贫困状况进行评估，根据测评结果，确定旅游扶贫的对象，从而提升旅游扶贫工作目标瞄准的精准度。

2.2 研究设计

2.2.1 研究目的

长期以来，受经济基础、自身条件的限制，民族地区一些贫困人口因缺乏某种能力（健康状况、财产状况等）需要付出更多的代价才能满足基本的生存需要，相对那些可以在旅游发展过程中正常受益的个人与家庭，可能会变得更加贫困，而这一部分贫困人口，在扶贫过程中往往容易被忽略。为了精准识别乡村旅游扶贫对象，满足贫困人口的利益诉求。本研究拟选取甘南藏族自治州迭部县扎尕那村为研究案例地，在梳理文献的基础上，结合国内外专家学者的相关研究成果，筛选能够反映当地真实贫困状况的维度和指标，通过有针对性的问卷设计，对扎尕那村村民进行实地调研和深度访谈。根据问卷调查结果，采用定性与定量分析相结合的方法，测算扎尕那村各家庭一维和多维贫困的发生率，分析产生多维贫困的影响因素。根据一维、多维贫困发生率的测算结果，了解扎尕那村各家庭的贫困程度，精准识别旅游扶贫对象，根据多维贫困的影响因素，把握实施旅游扶贫的轻重次序，对于一些特殊贫困人口制定有针对性的旅游精准帮扶措施，以期为当地旅游扶贫开发提供一定的借鉴作用。

2.2.2 研究内容

2.2.2.1扎尕那多维贫困发生率研究

根据文献整理及国内外学者的相关研究成果，了解目前乡村旅游扶贫对象精准识别的相关要素，初步选取能够解释扎尕那乡村贫困问题的维度和指标，在此基础上设计有针对性的调查问卷与访谈提纲。之后对扎尕那村进行实地调研，向当地村民开展问卷调查和深度访谈。根据问卷调查结果，借助多维贫困指数的测算公式，对扎尕那村各家庭多维贫困发生率进行测算，依据测算结果对当地旅游扶贫对象进行精准识别，并根据扶贫对象的贫困程度把握扶贫的轻重次序。

2.2.2.2扎尕那多维贫困影响因素研究

造成扎尕那村村民贫困的原因是多方面的，可能会受到户主的影响，如户主的性别、户主的年龄以及户主的受教育水平，也可能会受到来自家庭微观环境的影响，如家庭劳动力资源、家庭成员的就业以及家庭负担等情况。因此，需要调查清楚扎尕那村村民的致贫原因，实施有针对性的精准帮扶。根据扎尕那实地调研的数据资料，结合国内外学者的相关研究成果，筛选问卷调查中与户主特征、家庭资源禀赋的相关变量，并对其进行描述，借助 Probit 模型对扎尕那多维贫困影响因素进行研究，在弄清扎尕那村村民致贫原因的基础上，提出精准帮扶的具体建议。

2.2.2.3扎尕那村致贫因果模型的构建

根据扎尕那村多维贫困影响因素，在结合前人研究成果与扎尕那村实际状况的基础上，进一步探讨分析扎尕那旅游扶贫对象的致贫原因，并从内外部因素对扎尕那致贫因果模型进行构建。

2.2.3 多维贫困的测度方法

2.2.3.1 基于收入的传统贫困测度方法

（1）贫困发生率 H 指数。贫困发生率即收入水平低于贫困线之下的贫困人口占总人口的比重，是传统测度贫困的最基本指标，数学表达式为：

$$H=\frac{q}{n} \quad \text{式2-1}$$

公式 2–1 中，q 为贫困人口数，n 为总人口数。从公式可以看出，贫困的发生率与贫困人口数呈正向关系，即在总人口 n 不变的情况下，当贫困人口数 q 增加时，贫困发生率会随之增大。可以说，贫困发生率的大小，直接取决于位于贫困线之下的贫困人口的数量。在实践中，由于贫困发生率 H 指数具有简单、直观、易于理解且操作性强的特点，而被广泛应用。但也有学者提出质疑，认为该指数包含的信息量较少，在理论上还存在缺陷，在反贫困政策上具有误导性。此外，学者们还指出这种指数无法反映目标地区贫困的深度和强度。也就是说，在总人数和贫困人口数保持不变的情况下，在贫困线之下，即使贫困人口的收入水平发生变化，由于贫困人口数没有改变，仅仅是收入水平的变化并不能影响贫困发生率的结果。

（2）贫困缺口率 I 指数。贫困缺口率又称为贫困深度指数，是收入缺口与所有贫困人口都达到贫困标准线时的收入百分比，也就是说，该贫困指数是基于贫困人口收入水平或消费水平相对于贫困线的累加贫困差距，建立在贫困人口收入水平相对于贫困线距离的基础之上，其数学表达式为：

$$I=\frac{1}{N}\sum_{i=1}^{q}\frac{z-y_i}{z} \quad \text{式2-2}$$

公式 2–2 中，z 为贫困线，$z-y_i$ 为贫困个体的收入与贫困线之间的差距。从公式可以看出，$I\in[0,1]$，且 I 值越小，贫困人口的平均收入水平就越接近贫困线，贫困程度也就越轻。反之，I 值越大，贫困缺口也就越大，贫困人口内部的收入差距也会相应增大，贫困程度也就会越严重，减贫的难度也会随之增大。作为联合国“千年发展目标”检测统计指标之一，贫困缺口率指数可以衡量目标地区贫困的深度，可以为确定消除贫困可能需要的资源提供参考依据。

（3）Sen 指数 。阿玛蒂亚·森认为，贫困发生率和贫困缺口率指数既不能反映贫困人口贫困程度的差异，又不能反映贫困人口之间收入转移效应，两种指数只能从某一方面对贫困状况进行衡量。因此，为了反映贫困的深度、广度以及强度，阿玛蒂亚·森在贫困发生率和贫困缺口率指数的基础上，加入贫困人口收入不平等的基尼系数，用以综合反映贫困人口的贫困状态，其数学表达式为：

$$S = H\left[1 + (1 - I)G\right] \tag*{式2-3}$$

公式 2–3 中，H 为贫困发生率，I 为贫困缺口指数，G 为贫困人口收入不平等的基尼系数。$S \in (0, 1)$，且值越大，贫困程度越深。降低贫困发生率是降低由 Sen 指数所测量的贫困最有效的方式，也就是说，对于处于贫困线较近的贫困人口应给予优先帮扶，其次再帮助那些贫困程度较深的贫困人口摆脱贫困。由于该指数不像其他简单的贫困指数较具直观性，并且存在不能进行分组与分解的局限性，因此，并未广泛应用于贫困测量的相关研究中。

（4）*FGT* 贫困指数。Foster、Greer、Thorbecke（1984）在前人研究的基础上，提出了反映贫困程度和规模的又一综合指标，即 *FGT* 指标，其数学表达式为：

$$P_\alpha = \frac{1}{N}\sum_{i=1}^{q}\left(\frac{z - y_i}{z}\right)^{\alpha} \tag*{式2-4}$$

公式2–4中，$\alpha \geqslant 0$，用来测量不同贫困阶层对指数值的敏感程度，值越大，贫困人口对指数值的影响也就越大。

当 α=0 时，$P_0=\frac{q}{N}=H$，即贫困发生率，反映贫困的广度；

当 α=1 时，$P_1=\frac{1}{N}\sum_{i=1}^{q}\left(\frac{z-y_i}{z}\right)$，即贫困缺口率，反映贫困的深度；

当 α=2 时，$P_2=\frac{1}{N}\sum_{i=1}^{q}\left(\frac{z-y_i}{z}\right)^2$，即贫困缺口平方指数，能够兼顾贫困人口的分布状况，反映贫困的严重程度。

*FGT*指数是贫困发生率和贫困缺口指数的进一步推广，不仅克服了这两个单一贫困测度指标的缺陷，还在一定程度上弥补了部分功能，有助于我们更好地理解贫困，根据需要可以赋予 α 不同的数值，但在实际测量中 α 的最优取值，仍需要进行探讨。

2.2.3.2 多维贫困测度方法

（1）公理化测度方法。多维贫困公理化测度方法主要有 *H–M* 指数、*Ch–M* 指数、*F–M* 指数以及 Watts 指数，其中 *F–M* 指数和 Watts 指数较为常见。

① *F–M* 指数。*F–M* 指数是在一维 *FGT* 指数的基础上进一步推演而得到的多维贫困指数，其数学表达式为：

$$F-M(X;z_1,z_2,\dots z_k)=\frac{1}{n}\sum_{j=1}^{k}\sum_{i\in S_j}\alpha_j\left(1-\frac{x_{ij}}{z_j}\right) \quad \text{式2-5}$$

公式 2–5 中，$Z_1,Z_2\cdots Z_k$ 为 k 种不同的贫困线，$x_i=(x_{i1},x_{i2}\cdots,x_{ik})$ 为个体 i 在 k 个不同贫困线上的特征。令 $X=(x_{ij})_{nk}$，x_{ij} 为第 i 个人在第 j 维度上的基本需求，S_j 为维度 j 上贫困人口的集合。

② Watts 指数。1968 年，Watts 在公理体系的标准下，推导出一个能够反映收入分布敏感性的贫困指数，后来简称为 Watts 指数，该指数具有简单、直观的优点，但却存在贫困测度面较窄的局限。为了弥补这一缺陷，Chakravarty、Deutsch 和 Silber（2005）在单维 Watts 指数的基础上，根据多维贫困理论，对单维 Watts 指数进行完善，推演出 Watts 多维贫困指数。

$$W = \frac{1}{n}\sum_{i=1}^{q}\left(I_{n}z - I_{n}y_{i}\right) \qquad \text{式2-6}$$

$$W - M(X;\ z_1,\ z_2 \ldots z_k) = \frac{1}{n}\sum_{j=1}^{k}\sum_{i \in S_j}\delta_j\left(I_{n}z_j - I_{n}x_{ij}\right) \qquad \text{式2-7}$$

公式2-6中，参数 δ_j为j维度上的贫困厌恶程度系数；S_j为j在维度上贫困人口的集合。Watts多维贫困指数不仅可以反映收入分配与贫困发生率之间的关系，还能在一定程度上反映社会福利水平的变化，因此在一定程度上能够提高其实际运用能力。

（2）非公理化测度方法。目前基于非公理化标准的多维贫困测度法主要有三种，分别为人类贫困指数（*HPI*）、人类发展指数（*HDI*）以及 *MPI* 多维贫困指数。

①人类贫困指数（*HPI*）。1997 年，联合国开发计划署（UNDP）在《人类发展报告》中首次提出人类贫困指数，用以描述不同目标地区的福利贫困状况，该指标维度主要包括寿命（I_1），用预期寿命不足 40 岁的人口数占总人口的比重来反映；受教育程度（I_2），用成年文盲人口数占总人口的比重来衡量；生活水平（I_3），用拥有医疗服务的人口比重、拥有安全饮用水的人口比重、5 岁以下营养不良的人口比重来反映，具体的数学表达式为：

$$HPI(I_1, I_2, I_3) = (W_1 I_1^{\beta} + W_2 I_2^{\beta} + W_3 I_3^{\beta})^{\frac{1}{\beta}} \qquad (\beta \geq 1) \qquad \text{式2-8}$$

公式2-8中，I_1、I_2、I_3为人类贫困指数的维度；W_1、W_2、W_3为相应指标的权重系数，且 $\sum_{k=1}^{3} W_k = 1$，β为调整系数。与其他贫困指数相比，人类贫困指数涵盖了贫困的多个方面，为指标的汇总造成一定的难度。另外，权重的确定较具随意性，而在实际测算时未能指出β的最优取值。

②人类发展指数（*HDI*）。继 *HPI* 指数之后，联合国开发计划署在 1990 年提出了人类发展指数，用以衡量人类福利的多维贫困状况。该指数主要由三个维度构成，即长寿水平，用出生时的预期寿命来反映；知

识水平，用人均受教育年限以及成人识字率来衡量；生活水平，用人均*GDP*来表示。在[0，1]的范围之内，对三个指标进行指数化，之后将这三个维度指标进行加权平均可得到一个综合指标，即人类发展指数。令*LEI*、*EI*、*II*分别表示三个指标维度，则有：

$$HDI=\sqrt[3]{LEI\cdot EI\cdot II} \tag{式2-9}$$

由公式2-9可知，*HDI*是由*LEI*、*EI*、*II*三个指标几何加权平均所得，*HDI*值越大，目标地区的贫困程度就越小，福利状况也就越好。反之，贫困程度越大，福利状况也就越差。与其他贫困指数相比，*HDI*贫困指数着眼于人类的发展而不仅仅是经济状况，在测算上不仅容易操作，还能够用于不同的群体。但也有学者指出，该指数也存在一定的局限性，例如，在指标维度的选取上忽略了其他的重要因素，无法反映一个地区的人文发展水平。此外，对于长寿水平、知识水平以及生活水平三个维度变量给予同等权重也受到广泛的质疑。

③*MPI*多维贫困指数。为了弥补人类发展指数（*HDI*）和人类贫困指数（*HPI*）指数的缺陷，联合国开发计划署（UNDP）联合英国牛津与贫困人类发展中心（OPHI）共同构建了*MPI*多维贫困指数。该指数涉及健康、教育和生活水平3个维度共10项指标（具体见表2-4），在一定程度上是对人类发展指数（*HDI*）和人类贫困指数（*HPI*）指数的补充和完善。由于*MPI*多维贫困指数涵盖的范围较广，不仅能够度量不同维度上的贫困状况，还能够反映福利贫困状况，因此被广泛应用。

表2-4　*MPI*多维贫困指数维度指标

维度	指标
健康	营养
	儿童死亡率
教育	适龄儿童就读
	受教育年限

维度	指标
生活水平	做饭燃料
	卫生设施
	电
	水
	资产
	地板材质

基于表 2–4 中的 10 项指标，对于某一个体或家庭，如果在 3 个及以上维度指标上同时处于贫困线以下，则该个体或家庭处于 *MPI* 多维贫困。*MPI* 多维贫困指数取值越小，表明个体或家庭的贫困程度越低，福利状况就越好。反之，贫困程度则越严重。不难看出，*MPI* 多维贫困指数所增加的多项判定指标，与现代社会人们对于不同福利水平的要求基本吻合。但是，*MPI* 多维贫困指数也存在一定的缺陷，一方面，缺少描述收入方面的指标，另一方面，各指标维度间的相关性问题也未能得到解决。

（3）不同多维贫困指数的比较。上述几种方法均采用多个指标对贫困进行测度，打破了以往以收入单一维度来衡量贫困的状况，具有明显的进步性。在公理化多维贫困测度方法中，Watts 多维贫困指数有着很好的公理性质，能够在一定程度上反映社会福利水平的变化，对于收入分配也最为敏感，但却存在直观意义不明显的缺陷。在非公理化多维贫困测度方法中，人类发展指数（*HDI*）是目前使用最广泛的多维贫困指数。人类发展指数（*HDI*）从测度人类发展水平入手，在一定程度上能够反映一个社会的进步程度，不仅计算容易，方法简单，而且可针对不同的群体，能够调整反映收入分配、性别差异、地域分布的差异。尽管如此，人类发展指数（*HDI*）也存在预期寿命指数标准化方法选用不当的问题。此外，人类的致贫原因包含多个方面，仅仅以寿命水平、知识水平以及生活水平来衡量，在一定程度上并不准确。人类贫困指数（*HPI*）是认识和测量贫困的一次突破，该指数覆盖了贫困的多个方面，有助于我们更好地认识贫困。

但是针对各个指标的汇总以及权重的确定上较具有随意性，而且在实际测算时也未能指出 β 的最优取值。相比之下，*MPI* 多维贫困指数可以从微观层面来反映个体或家庭的福利贫困状况，对于贫困的度量也更加全面、精确。但是，在指标维度间的相关性问题方面，该指数也存在一定的缺陷。

2.2.4 民族地区乡村多维贫困指数的构建和分解

2.2.4.1 民族地区乡村多维贫困指数的构建

为不失一般性，现对下文将涉及的数学符号进行统一定义。首先，令 $X_i=(X_{i1}, X_{i2}\cdots, X_{im})$ 表示个体 i 在维度上的向量集合，用矩阵可以表示为 $X_i=(X_{ij})_{n\times m}$，n 为样本个数，m 为维度个数。X_{ij} 为个体 i 在维度 $j=(1, 2, \cdots m)$上的取值。向量 $Z_j=(Z_1, Z_2, \cdots Z_j)^T$ 为每个特定维度的受剥夺临界值，如果 $X_{ij} < Z_j$，则个体 i 被视为贫困人口，赋值为“1”；否则，为非贫困人口，赋值为“0”。即 $g(ij)^0=\begin{cases}1, X_{ij}\leqslant Z_j\\0, 其他\end{cases}$，由此可获得一维贫困剥夺矩阵。在一维贫困识别的基础上，针对剥夺矩阵 g^0，定义列向量 C_i，为 $g^0=1$ 的数量，也就是个体 i 受剥夺的维度总数。同时，设定不同的被剥夺的临界数 k。如果 $C_i\geqslant k$，则个体属于多维贫困者。

其次，根据以下公式对民族地区乡村贫困发生率 H、贫困剥夺程度 A 进行测算。

$$H(k)=\frac{\sum_{i=1}^{n}q_{ij}(k)}{n} \qquad \text{式2-10}$$

$$A(k)=\frac{\sum_{i=1}^{n}C_{ij}(k)}{\sum_{i=1}^{n}q_{ij}(k)\cdot m} \qquad \text{式2-11}$$

上式中，贫困发生率 H 为多维贫困人口占总人口的比例，贫困剥夺

程度 A 为贫困人口平均被剥夺的维度数占总剥夺维度数的比值。

由此，根据 $M(k)=H(k)\cdot A(k)$，可对扎尕那多维贫困指数 M 进行测算。

2.2.4.2 民族地区乡村多维贫困指数的分解

多维贫困指数 M 可以根据需求对不同属性特征的群组进行分解，例如，可以按维度、地区、性别等进行分解，进而求出各属性组群对贫困的贡献度。根据研究需要，本研究拟对民族地区乡村贫困维度进行分解。具体分解公式如下：

$$M(d_j;\ k)=\frac{\sum_{i=1}^{n} C_{ij}(k)}{n\cdot d}=\sum_{j=1}^{n}\left(\frac{\sum_{i=1}^{n} g_{ij}}{nd}\right)$$

其中，$\frac{\sum_{i=1}^{n} g_{ij}}{nd}$ 为维度 j 上的贫困指数 $j=1$，2，$\cdots d$。

2.2.5 多维贫困测度乡村旅游扶贫对象精准识别研究

2.2.5.1 扎尕那村多维贫困测度方法与指标

（1）维度指标的选取。进行维度和指标选取时，主要遵循以人为本的宗旨，力求与人类发展指数保持一致，在使各指标之间相关性最小的基础上，体现系统性、科学性与实用性的原则。旅游扶贫对象的识别维度和指标的选取主要依据以下四个方面：一是联合国千年发展目标、人类发展指数和多维贫困指数，并遵循各个指标的相关技术规定；二是沿用国家扶贫办农村贫困调查指标；三是结合《中国农村扶贫开发纲要（2011—2020）》中提出的主要指标；四是结合国内著名学者如汪三贵、王小林等对我国农村贫困状况的已有研究。基于以上四个方面，依据民族地区乡村地区的具体情况并兼具数据的可得性，尝试对以往扶贫对象识别维度、指标进行补充，以确保维度、指标的全面、具体。鉴于儿童入学、交通条件在扎尕那村的贫困发生率为零，因此，在对贫困人口进行多维贫困识别时不考虑这些指标。最终选取了经济状况、教育水平、健康状况、生活水平、资产状况 5 个维度，人均收入水平、人均消费水平、受教育程度、健康水平、饮用水、耕地数量、牛 / 马数量、住房结构以及耐用消费品 9 个指标，具体如表 2-5 所示。

表 2-5　多维贫困指标及临界值

维度	指标	贫困标准及临界值
经济状况	人均收入水平	家庭人均纯收入低于2300元，赋值为1，否则为0
	人均消费水平	家庭人均纯消费支出低于2300元，赋值为1，否则为0
教育水平	受教育程度	家庭劳动年龄人口（15~64岁）受教育程度为小学及以下，赋值为1，否则为0
健康状况	健康水平	家庭中任何一人患慢性病、大病、残疾等视为健康水平被剥夺，赋值为1，否则为0
生活水平	饮用水	饮用水不是自来水、不安全的，赋值为1，否则为0
资产状况	耕地数量	耕地数量在2亩及以下，赋值为1，否则为0
	牛/马数量	牛、马无任意一种，赋值为1，否则为0
	住房结构	住房结构为茅草、土坯结构，赋值为1，否则为0
	耐用消费品	家庭没有彩电、冰箱、洗衣机的任意一种，赋值为1，否则为0

（2）权重的确定。鉴于各维度对贫困产生的不同影响，每个贫困人口（贫困家庭）也可能在不同的维度处于贫困，因此需要给每个维度赋予一定的权重。由于选取的指标较多，理论上应对各指标进行权重比较，以进一步判别各维度对扎尕那村贫困的影响程度。但从 *MPI* 人类贫困指数的设计思路，以及众多专家学者在计算贫困指数权重的方法来看，较多采用等权重赋值的方法。鉴于扎尕那村在经济、生活、健康、资产方

面的贫困程度较低及受教育水平相对较差的实际状况，为方便计算，拟采取维度和指标等权重的分析方法，对各指标进行赋权，也就是说，赋予经济、教育、健康状况、生活水平以及资产状况 5 个维度完全相同的权重，即 5 个维度各自的权重都为 $\frac{1}{5}$；按照这一思路确定各维度内各个指标的权重。由于教育水平、健康状况以及生活水平只有 1 个指标，即每个指标的权重各为 $\frac{1}{5}\times1=\frac{1}{5}=0.2$；经济维度有 2 个指标，每个指标的权重各为 $\frac{1}{5}\times\frac{1}{2}=\frac{1}{10}=0.1$；资产状况维度有 4 个指标，每个指标的权重各为 $\frac{1}{5}\times\frac{1}{4}=\frac{1}{20}=0.05$。

2.2.5.2 数据来源与样本描述

（1）数据来源。为了了解民族地区乡村贫困的真实现状及旅游扶贫精准识别的实际效果，根据 *MPI* 多维贫困指数的测度要求，为了防止贫困人口的规模被放大，并使识别和度量贫困的指标及标准简化，本研究将以家庭为基本识别单元，在结合研究目的及前人有关多维贫困识别研究的基础上，整理设计出一套针对扎尕那乡村多维贫困识别的调查问卷，以期获取反映当地贫困状况的第一手资料。该问卷具体包括三部分内容：第一部分内容由答卷人基本信息和家庭人口及资源禀赋组成，其中答卷人基本信息，包括答卷人的性别、受教育程度、年龄、职业、健康状况以及是否为家庭户主等基本信息；家庭人口及资源禀赋，包括家庭的性别结构、家庭年龄结构、家庭成员的受教育水平、家庭经济状况、耕地数量、家庭住房结构、家庭旅馆客房数量等家庭基本情况；第二部分为旅游扶贫受益情况，包括是否获得旅游扶贫贷款支持、旅游扶贫项目对家庭收入及家庭成员就业的影响等；第三部分是旅游扶贫项目的参与情况，包括是否参与旅游扶贫项目的制定与规划、是否接受旅游相关技能培训等基本信息。

实地调研共进行三次，第一次实地调研时间为 2017 年 6 月 1 日至 5 日，数据收集过程主要采取逐户随机调查的方式，鉴于扎尕那村村民的文化水平，问卷调查采取一对一讲说，以确保调研数据的真实、可靠；第二次实地调研时间为 2017 年 7 月 8 日至 13 日，数据收集过程分为逐户随机调查和部分贫困人口（贫困家庭）的深度访谈；第三次实地调研时间为2017年9月30日至10月3日，为进一步补充、完善问卷调查的结果，本次数据收集过程主要针对扎尕那东哇村、业日村、达日村以及代巴村4个自然村的贫困人口（贫困家庭）进行深度访谈。排除一些因外出放牧而无法进行问卷调查的家庭，三次实地调研共发放问卷173份，其中有效问卷163份，有效回收率为94.2%；针对贫困人口（贫困家庭）的深度访谈共获取15份。

（2）样本描述。如表2-6所示，被调查者人口学特征主要表现在如下几个方面。①以男性为主，占样本总体的82.2%，主要是因为在藏族地区汉语的普及率较低，由于外出、参与当地旅游发展的需要，男性的汉语水平普遍高于女性，大部分女性还存在语言沟通困难的问题。②被调查者以中青年为主，参与调查的居民中15~64岁的人所占的比例最大，占样本总体的77.9%。③被调查者的受教育程度总体水平偏低，小学及以下学历占样本总体的74.2%，而拥有本科及以上学历仅占样本总体的1.2%。④随着旅游开发的持续升温，参与旅游的居民占被调查者总人数的一半以上，而从事农家乐经营也成为该村继农牧业之后的第二大职业，占样本总体的23.3%。⑤参与调查的居民一半以上为家庭户主。

表2-6　被调查者人口学特征

类型		频数	百分比（%）
性别	男	134	82.2
	女	29	17.8
年龄	14岁及以下	14	8.6
	15~64岁	127	77.9
	65岁以上	22	13.5
受教育程度	未上学	61	37.4
	小学	60	36.8
	初中	17	10.5

类型		频数	百分比（%）
受教育程度	高中/中专	23	14.1
	本科及以上	2	1.2
职业	学生	21	12.9
	企/事业人员	8	4.9
	农/牧民	86	52.8
	农家乐经营者	38	23.3
	个体户/自由职业者	10	6.1
是否户主	是	124	76.1
	不是	39	23.9
是否参与旅游	是	112	68.7
	否	51	31.3

2.2.5.3 扎尕那旅游扶贫对象多维贫困测度结果

（1）扎尕那旅游扶贫对象一维贫困测度结果。如表 2–7 所示，在经济状况维度上，目前扎尕那村人均纯收入在 2300 元以下的贫困家庭共有 48 户，贫困发生率为 29.4%，人均纯消费支出在 2300 元以下的贫困家庭有 50 户，贫困发生率为 30.7%。在教育维度上，家庭劳动年龄人口平均受教育水平为小学及以下的贫困家庭有 122 户，贫困发生率为 74.8%，是一维贫困发生率最高的维度。此外，调查结果显示，目前扎尕那村 7~15 岁家庭成员在义务教育阶段不存在辍学的现象。这在一定程度上表明，随着当地旅游的发展，越来越多的家庭开始认识到教育的重要性，并且为后代进行教育投资的意愿也在逐步增强。健康维度上，家庭中至少有 1 人患有慢性病、大病或者是残疾的贫困家庭有 34 户，贫困发生率为 20.9%，仅次于收入贫困的发生率。据了解，目前扎尕那村有乡村医生 2 名，在本村就诊的常见病有效治疗率达 80% 以上，但对于患有慢性病、大病以及残疾的家庭而言，需要前往医疗水平较高的市、区救治，对于扎尕那村村民而言，健康状况虽然不能成为部分村民致贫的主要原因，但因其而产生的高额费用无疑会进一步加重贫困家庭的贫困程度。

在生活水平这一维度上，目前有31户家庭饮用水不是自来水，贫困发生率为19.0%。受季节影响，扎尕那部分村民在冬季饮水较为困难，一些家庭甚至需要饮用山涧水，这在一定程度上反映出乡村旅游扶贫项目开发在因地制宜方面所存在的问题。资产维度上，耕地数量在2亩及以下的家庭有19户，贫困发生率为11.7%，而无牛或马任意一种的家庭则有20户，贫困发生率为12.3%。在扎尕那村一些村民参与旅游最直接的方式是牵马，对于耕地数量较少的村民而言，牵马是其家庭的主要收入来源之一。因此，缺少牛/马任意一种，同样会增加贫困的比重。住房结构为茅草或土坯结构的家庭有25户，贫困发生率为15.3%。受发展旅游的影响，目前扎尕那村的住房结构多为砖木结构，部分住房结构为钢筋混凝土结构，但由于经济条件的限制，目前部分家庭也存在茅草和土坯结构的住房。对于家庭耐用消费品，目前扎尕那村无彩电、冰箱或洗衣机任意一种的家庭有10户，所占比重为6.1%，贫困发生率最低。但是值得注意的是，在对部分家庭进行深入访谈时，部分家庭的耐用消费品均为村民所赠。

表2-7　扎尕那一维贫困测度结果

维度	指标	测量标准	贫困户数	比重（%）
经济状况	人均收入水平	人均纯收入低于2300元	48	29.4
	人均消费水平	人均消费水平低于2300元	50	30.7
教育水平	受教育程度	家庭劳动年龄人口（15~64岁）受教育程度为小学及以下	122	74.8
健康状况	健康水平	至少有1人患有慢性病、大病、残疾	34	20.9
生活水平	饮用水	饮用水不是自来水、不安全的	31	19.0

维度	指标	测量标准	贫困户数	比重（%）
资产状况	耕地数量	耕地数量在2亩及以下	19	11.7
	牛/马数量	无牛、马任意一种	20	12.3
	住房结构	住房结构为茅草、土坯结构	25	15.3
	耐用消费品	无彩电、冰箱、洗衣机的任意一种	10	6.1

根据图 2–4，对不同维度下的贫困发生率进行比较分析，教育、经济以及健康维度的家庭贫困发生率高于生活以及资产维度的家庭贫困发生率，其中尤以教育的贫困发生率最高，其次是经济维度。从任意两个维度同时产生贫困的发生率来看，经济与教育维度同时贫困的家庭共有 20 户，贫困发生率为 12.27%。经济与健康维度同时贫困的家庭共有 11 户，贫困发生率为 6.75%。经济与生活维度同时贫困的家庭共有 12 户，贫困发生率同样为 7.36%。 经济与资产维度同时贫困的家庭共有 1 户，贫困发生率同样为 0.61%。从教育与其他维度同时产生贫困的发生率来看，首先，教育与健康维度同时贫困的家庭共有 28 户，贫困发生率为 17.18%。其次，教育与生活维度同时贫困的家庭共有 25 户，贫困发生率为 15.34%。最后，教育与资产维度同时贫困的家庭共有 2 户，贫困发生率为 1.23%。从健康与其他维度同时产生贫困的发生率来看，健康与生活维度同时贫困的家庭共有 18 户，贫困发生率为 11.04%。生活与资产维度同时贫困的家庭共有 2 户，贫困发生率为 1.23%。从任意三个维度同时产生贫困的发生率来看，教育、健康、生活三个维度同时贫困的家庭最多，共有 15 户，贫困发生率为 9.20%。其次是经济、健康、教育同时贫困的家庭，共有 11 户，贫困发生率为 6.75%。从任意四个维度同时产生贫困的发生率来看，教育、经济、健康以及生活同时贫困的家庭数最多，共有 9 户，贫困发生率为 5.52%。而五个维度同时发生的贫困的家庭共有 1 户，贫困发生率为 0.61%。

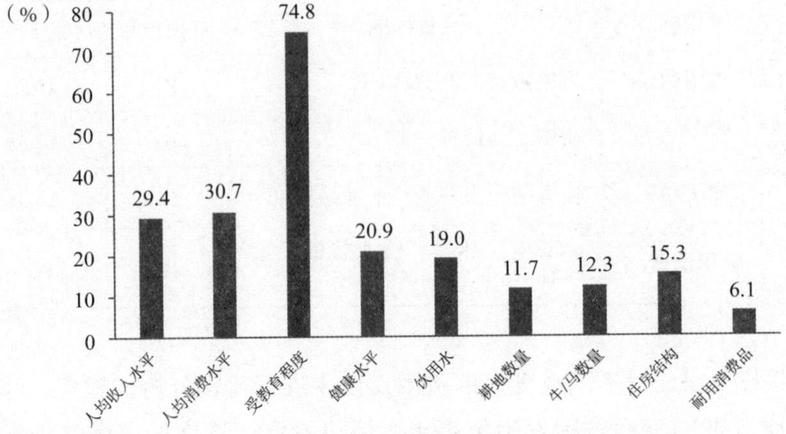

图2-4　一维贫困测度结果

综上所述，随着旅游扶贫开发的逐渐深入，目前扎尕那村村民的收入已有所提高，生活条件有了一定程度的改善，面临的生存贫困问题也得到了较大幅度的解决。人民网相关资料显示，2016 年，扎尕那部分农牧民人均纯收入已达 5250 元，旅游扶贫成效显著。但是受自身条件的限制，存在部分农牧民被排挤在旅游发展之外的现象，依然受到来自教育、经济以及健康等方面多维贫困的困扰，而这些问题则有待在旅游扶贫开发中进一步解决。当下，在贫困性质发生转变的情况下，传统的单一收入指标已不能全面反映个人或家庭的贫困状况。因此，为了更加精准地识别旅游扶贫对象，也为了更加全面、真实地反映扎尕那村的贫困状况及致贫原因，采用多维贫困识别方法是十分必要的，不仅能够在一定程度上区分扶贫对象的贫困程度、把握扶贫的轻重次序，而且对于当地旅游精准扶贫的实施有着重要的意义。

（2）扎尕那旅游扶贫对象多维贫困测度结果。根据公式 2-10、2-11 对扎尕那村各家庭的贫困发生率 H、贫困剥夺份额 A 以及多维贫困指数进行测算。按照国际通行标准，当三个及三个以上指标同时贫困则认为存在多维贫困，即当农户被剥夺的维度数量大于或等于 3 时，则该农户处于多维贫困状态。由表 2-8 多维贫困测度结果可知，当 K=3 时，此时农户的贫困发生率为 6.7%，多维贫困指数为 0.031；当 K=4 时，农户的贫困发生率为 5.5%，多维贫困指数为 0.026；而当 K=5 时，农户的贫困发生率为 4.3%，多维贫困指数为 0.025。由此不难看出，在 $K \geqslant 3$ 的情况下，扎尕那村的家庭贫困发生率和多维贫困指数均呈逐渐降低的趋势，在 K=9 时，家庭贫困发生率为 0.6%，多维贫困指数为 0.006。这在一定程度上表明，随着旅游业的发展，当地的贫困人口逐渐减少，贫困状况有了较为明显的改善，而这也从侧面进一步验证了发展旅游在促进目标地区贫困人口减贫、脱贫的巨大作用。

表 2-8　多维贫困测度结果

维度个数（K）	贫困发生率（H）	贫困剥夺份额（A）	多维贫困指数（M_0）
1	0.405	0.200	0.081
2	0.307	0.231	0.071
3	0.067	0.455	0.031
4	0.055	0.467	0.026
5	0.043	0.586	0.025
6	0.031	0.740	0.023
7	0.025	0.900	0.022
8	0.012	0.925	0.011
9	0.006	1.000	0.006

在家庭贫困剥夺程度上，当 K=3 时，贫困剥夺程度为 45.5%；当 K=4 时，贫困剥夺程度为 46.7%；而当 K=5 时，贫困剥夺程度增加到 58.6%。表 2-8 的数据显示，在不同指标贫困线 K（K=3，4，5…9）下，扎尕那村贫困剥夺份额的数值在逐渐增加。这在一定程度上表明，随着贫困发生率的逐渐降低，当地多维贫困人口面临的被剥夺程度也日益严重。虽然贫困的广度在逐渐降低，但随之而来的则是贫困深度的逐渐加深。另外，在 $K \geqslant 3$ 的情况下，扎尕那村民在教育上受剥夺的贫困发生率要高于收入等

其他指标。从表 2-9 可以看出，扎尕那部分村民不仅在收入方面存在贫困，在教育、健康以及生活等方面同样存在贫困。通过对部分村民的访谈可以得知，当地村民通常愿意参与旅游发展，并希望从中受益。但受自身素质的限制，加之资本的匮乏、能力不足抑或是发展机会的缺失，受剥夺程度较深的贫困人口则很容易被排挤在旅游发展过程之外，使得其利益诉求在旅游发展中得不到满足。因此，在实施旅游扶贫的过程中，要因地制宜，对于特殊贫困人口或家庭要进行有针对性的精准帮扶。

表2-9　*K*≥3时各指标的贫困发生率

*K*值	人均收入水平	人均消费水平	受教育程度	健康水平	饮用水	耕地数量	牛/马数量	住房结构	耐用消费品
3	3.68	1.84	6.75	4.29	1.23	1.84	0	0.61	0
4	3.07	3.68	5.52	3.68	4.91	0.61	0.61	0	0
5	4.29	4.29	4.29	1.23	1.23	0.61	1.23	3.07	1.23
6	1.84	3.07	3.07	1.84	2.45	1.23	2.45	1.23	1.23
7	2.45	2.45	2.45	2.45	2.45	2.45	0.61	0.61	1.23
8	0.61	1.23	1.23	1.23	1.23	1.23	1.23	1.23	0.61
9	0.61	0.61	0.61	0.61	0.61	0.61	0.61	0.61	0.61

（3）扎尕那旅游扶贫对象多维贫困指数分解。根据表2-10可以看出，当*K*=1时，受教育程度对扎尕那各家庭的贫困影响率最高，为10.91%，且除健康水平之外的8个指标对家庭贫困率基本未造成影响。当*K*=2时，对家庭贫困的影响率由高到低，分别为受教育年限、人均消费水平以及人均收入水平，与一维贫困影响率相比，受教育程度的影响率大幅度下降，但人均消费水平、人均收入水平的影响率却有所上升。当*K*=3时，对家庭贫困的影响率由高到低分别为受教育程度、健康水平以及人均收入水平，此时，受教育水平进一步下降，但健康水平对家庭贫困的影

响率却在上升。当K=4时，在9个指标中，受教育程度对家庭多维贫困的影响率最高，但与$K \leqslant 3$时的情况相比，受教育程度对家庭贫困的影响率依然下降。此时，除耕地数量、牛/马数量、住房结构、耐用消费品4个指标未对家庭多维贫困造成影响之外，其余各指标的影响率都大于人均收入水平这一指标，在一定程度上表明样本家庭在收入之外存在多维贫困。从维度指标的分解结果来看，扎尕那村村民的致贫原因主要集中在受教育程度、健康水平、人均消费水平以及人均收入水平这几个方面，其中受教育程度则是主要因素，其次是健康水平。因此，在进行旅游扶贫开发过程中，要将教育作为旅游扶贫的重点之一。

表2-10　扎尕那多维贫困指数分解（%）

K值	人均收入水平	人均消费水平	受教育程度	健康水平	饮用水	耕地数量	牛/马数量	住房结构	耐用消费品
1	0	0	10.91	0.08	0	0	0	0	0
2	0.76	0.84	1.83	0.05	0.01	0.02	0.07	0.15	0.01
3	0.10	0.04	0.97	0.39	0.03	0.02	0	0	0
4	0.04	0.17	0.77	0.34	0.61	0	0	0	0
5	0.24	0.24	0.48	0.04	0.04	0	0.01	0.06	0
6	0.05	0.12	0.27	0.10	0.17	0.01	0.04	0.01	0.01
7	0.09	0.09	0.18	0.18	0.18	0.04	0	0	0.01
8	0.01	0.04	0.09	0.09	0.09	0.02	0.02	0.02	0
9	0.04	0.04	0.04	0.04	0.04	0.04	0.04	0.04	0.04

2.2.5.4 扎尕那贫困影响因素分析

2.2.5.4.1 扎尕那贫困影响因素变量选择与研究假设

扎尕那实地调研获取的数据资料以及其他学者的相关研究成果表明，

造成家庭贫困的原因不仅来自户主的影响，还在一定程度上受到来自家庭微观环境以及村级特征的影响。因此，本研究拟选取户主特征、家庭资源禀赋、村级特征三组作为造成扎尕那村各家庭多维贫困的解释变量。其中户主特征主要包括户主的性别、户主的年龄、户主的受教育水平以及户主的健康水平4个解释变量；家庭资源禀赋主要包含家庭人口规模、家庭成员的受教育水平、家庭劳动力资源、家庭未成年人口数量以及家庭旅馆客房数量5个解释变量；村级特征主要由距离景区的距离这一变量来解释。现针对选取的影响扎尕那家庭贫困的户主特征变量与家庭资源禀赋变量做如下研究假设。

（1）户主特征变量。

①户主的性别。实地调研数据资料以及贫困相关研究成果显示，以女家长为主要收入来源的家庭中，女户主的就业能力以及收入水平必然会给家庭的实际生活产生巨大的影响。美国经济学家Pearce（1976）在针对女性户主的相关研究中证实了这一点，该研究指出：在弱势群体中，女户主贫困家庭占比达一半以上。在我国乡村大部分家庭，男性在教育、消费以及决定权方面所具有的优势明显高于女性，在民族地区乡村表现得也尤为明显。在重大决策方面，由于男性和女性所具有的不同决策风格必然会影响家庭的收入水平，从而直接影响该家庭发生贫困的可能性。因此，本研究提出如下假设。

H1-1：户主的性别与家庭贫困之间存在负向影响，即户主为男性时，家庭贫困的概率会降低。

②户主的年龄。心理学的相关研究表明，处于不同年龄层次，因其生活阅历的不同，所进行的行为决策也会存在差异，从而在一定程度上影响一个家庭的贫困状态。通常，对于年龄大的户主，因其生活阅历较为丰富，行为决策较具理性，在一定程度上会对家庭收入产生积极的影响，但同时，随着户主年龄的增大，可能伴随而来的则是思想观念的僵化、身体状况的下降，从而在一定程度上影响家庭决策，从而影响家庭收入，导致家庭贫困的可能性也会相应增加。由此可以看出，户主的年龄与家庭贫困

之间存在影响关系，但影响的方向难以确定，需要在实证中进一步检验。因此，本研究提出如下假设。

H1-2：户主的年龄与家庭贫困之间存在显著影响关系。

③户主的受教育水平。在对扎尕那村村民进行深度访谈的过程中发现，受教育水平作为人力资本存量的指标之一，通常会对家庭的收入水平产生重要影响。一般情况下，户主受教育水平越高，其视野就会越开阔，对事物的认知能力也就越强。相比受教育水平低的家庭户主，受教育水平高的户主在处理家庭事务方面将更具有判断力，对信息、技术的获取也更为积极，从而直接或间接地促进家庭收入水平的提高，在一定程度上为降低家庭贫困提供了可能。基于此，本研究提出如下假设。

H1-3：户主的受教育水平与家庭贫困之间存在负向影响，即户主的受教育水平越高，家庭贫困的概率就越低。

④户主的健康水平。根据阿玛蒂亚·森能力贫困理论可知，贫困是基本可行能力的被剥夺，而可行能力的缺失，会在一定程度上降低获取收入的能力，同时也将使收入转化为可行能力变得更加困难。与收入空间表现出来的贫困相比，因可行能力的丧失而产生的“真实贫困”会更加严重。对于患有疾病的家庭户主而言，则意味着可行能力的被剥夺。可以说，户主健康与否不仅会对其劳动能力产生影响，而且还会对家庭的收入水平产生影响。从长期来看，大量医疗费用的支出，必然会降低对家庭成员的教育支出，从而损害家庭的创收能力。基于此，本研究提出如下假设。

H1-4：户主的健康水平与家庭贫困之间存在负向影响，即户主越健康，家庭贫困的概率就越低。

（2）家庭资源禀赋。

①家庭人口规模。由于风俗不同，在扎尕那很多家庭存在兄弟共同居住的现象。问卷调查结果显示，5人及以上的家庭共有140户，占样本总体的85.89%。在这种情况下，一方面，人口规模较小的家庭在旅游发展的过程中很容易被忽略，甚至在一定程度上受到来自人口规模较大家庭的排斥，而逐渐被边缘化。另一方面，由于旅游业的可进入性较强，家庭人

口规模越大，意味着可参与旅游的人数也就越多，家庭收入也就越多，生活条件也就越好。基于此，本研究提出如下假设。

H2-1：家庭人口规模与家庭贫困之间存在负向影响，即家庭人口规模越大，家庭陷入贫困的概率就越低。

②家庭成员的受教育水平。受教育水平与家庭贫困之间的关系已被学者所证实。一方面，家庭成员的受教育水平高，在劳动力市场中的竞争力也就越强，获取具有高报酬的工作机会也就越大，从而家庭的收入能力也会相应增强。另一方面，家庭成员的受教育水平越高，在家庭抗风险管理策略方面也会更加有效。周强、张全红的研究进一步表明：教育机会的差异会对家庭人均受教育水平产生重要影响，而人均受教育水平又会通过教育回报率起作用，进而对家庭的贫困现状以及贫困持续时间产生影响。基于此，本研究提出如下假设。

H2-2：家庭成员的受教育水平与家庭贫困之间存在负向影响，即家庭成员的受教育水平越高，家庭贫困的概率就越低。

③家庭劳动力资源。家庭劳动力资源在一定程度上能够决定一个家庭的社会生产能力。一方面，家庭劳动力数量越多，进行精耕细作的可能性就越大，在降低物质成本的同时，还可以提高农业生产效益。另一方面，对于家庭富余劳动力而言，通过进行兼业活动以获取劳动报酬，从而使家庭生活条件得到改善。因此，在家庭人口一致的情况下，15~64 岁的劳动年龄人口越多，家庭的收入来源就会越多，而家庭获取的收入也就会随之增加。根据这种情形，本研究提出如下假设。

H2-3：家庭劳动力资源与家庭贫困之间存在负向影响，即家庭劳动力资源越多，家庭贫困的概率就越低。

④家庭未成年人口数量。一般情况下，15 岁以下的未成年子女数量越多，产生的消费支出就会越多，抚养子女的成本也越大，在一定程度上会影响家庭的收入水平，增加家庭陷入贫困的可能性。但在实地调研期间发现，受当地旅游发展的影响，扎尕那村很多家庭 15 岁以下的未成年人会在节假日期间为游客充当向导，并获取一定的报酬，以减轻家庭负担。

由此可以看出，家庭负担与家庭贫困之间存在影响关系，但影响的方向难以确定，需要进一步验证。因此，本研究提出如下假设。

H2-4：家庭未成年人口数量与家庭贫困之间存在影响关系。

⑤家庭旅馆客房数量。家庭旅馆的客房数量在一定程度上反映了一个家庭对游客的接待能力，客房数量越多，接待能力也就越强，获取的收入也就会越多。随着扎尕那旅游知名度的提高，游客的数量逐渐增多，使得当地村民参与旅游的积极性不断提高。为了延长游客的游览时间，当地新建旅馆数量逐渐增多。仅东哇村一村拥有可以接待游客的藏家乐就已达到 39 家。但在调查中发现，在这些拥有藏家乐的家庭中因其客房数量存在差异，而导致游客入住人数存在显著差别，从而直接影响到家庭收入。基于这一现状，本研究提出如下假设。

H2-5：家庭旅馆客房数量与家庭贫困之间存在负向影响，即家庭拥有旅馆的客房数量越多，家庭贫困的概率就越低。

（3）村级特征。一般情况下，与距离景区较近的村民相比，距离景区较远的村民，在旅游资源的获取、游客接待方面会不可避免地处于弱势地位。基于此，在结合扎尕那村实际的情况下，本研究提出如下假设。

H3-1：距离景区的距离与家庭贫困之间存在正向影响，即距离景区越远，家庭贫困的概率就越大。

2.2.5.4.2 扎尕那贫困影响因素的模型选择

根据扎尕那多维贫困的测度结果，选取 K=3 时样本家庭多维贫困状况作为因变量，取值为 0 或者 1。鉴于变量可选的值只有两个，符合二值选择模型的建立条件，因此本研究拟选用 Probit 模型对扎尕那多维贫困影响因素进行回归分析。对于二值 Probit 模型，可假定存在潜在变量 y^* 与解释变量 x_i 之间呈线性关系，其中 x_i 表示影响家庭贫困的自变量，假设残差服从正态分布，则有：

$$y^* = x_i'\beta + \mu_i$$

上式中，β 为自变量 x_i' 的系数，两者均为待估参数。由于本研究中被解释变量即当 $K=3$ 时多维贫困家庭状态类型 y_i 存在两种情形，$y_i=1$ 、$y_i=0$ 分别表示贫困和不贫困，此时，y_i 与潜在变量 y^* 之间存在如下关系：

$$y_i = \begin{cases} 1，表示贫困 \\ 0，表示不贫困 \end{cases}$$

据此，可得因变量的条件概率为：

$$\begin{aligned} & \mathrm{P}\left(y_i=1 \middle| x_i\right)=\mathrm{P}\left(y^*>0 \middle| x_i\right) \\ & =\mathrm{P}\left(\mu_i>-x_i' \beta \middle| X_i\right) \\ & =1-\mathrm{P}\left(\mu_i<-x_i' \beta\right) \\ & =1-\phi\left(-x_i' \beta\right) \\ & =\phi\left(x_i' \beta\right) \end{aligned}$$

式中，ϕ 为标准正态累积概率分布函数，针对待估计参数 β 可通过以下似然函数求极值的方法得到，具体表达式为：

$$\mathrm{In}L=\sum_{i=1}^{n}\left[yi \cdot \mathrm{In}\phi\left(x_i' \beta\right)\right]+(1-yi) \cdot \mathrm{In}\left[1-\phi\left(x_i' \beta\right)\right]$$

在该模型中，需要计算归回系数的边际效应，而不能根据其绝对值的大小对其进行解释。对于连续解释变量，边际效应则表示在其他变量保持不变的情况下，自变量变化一单位所引起的贫困和不贫困概率的影响。对于虚拟变量而言，计算得到的边际效应则表示相对于参照组而言，贫困和不贫困两种状态的概率变化。表 2-11 是扎尕那贫困影响因素的主要解释变量以及相关变量的影响预测。

表 2-11　主要解释变量的名称与变量描述

	变量名称	变量描述	均值	标准差	影响预测
户主特征	户主性别（X1）	男性赋值为1；女性赋值为0	0.88	0.326	负向
	户主年龄（X2）	14岁以下赋值为1；15~64岁赋值为2；65岁以上赋值为3	2.11	0.444	不确定
	户主的受教育水平（X3）	小学及以下赋值为1，其他赋值为2	1.25	0.469	负向
	户主的健康状况（X4）	户主的身体健康赋值为1，否则为0	0.90	0.296	负向
家庭资源禀赋	家庭人口规模（X5）	家庭总人口	7.48	3.169	负向
	家庭成员受教育水平（X6）	小学及以下赋值为1，初中及以上赋值为2	1.21	0.463	负向
	劳动力资源（X7）	家庭劳动力人数	4.43	2.175	负向
	家庭未成年人口（X8）	家庭15岁以下的未成年人口数量	1.95	1.385	不确定
	家庭旅馆客房数量（X9）	拥有家庭旅馆客房的实际数量	10.02	17.045	负向
村级特征	距离景区的远近（X10）	距离景区近赋值1；距离景区一般赋值2；距离景区较远赋值3	1.78	0.879	正向

2.2.5.4.3 扎尕那多维贫困影响因素分析

从表 2-12 针对具有户主信息的 124 户扎尕那家庭多维贫困影响因素统计分析结果来看，家庭未成年人口、距离景区的远近与家庭贫困之间存在显著的正向影响关系；户主的受教育水平、户主的健康水平、家庭人口规模、家庭成员的受教育水平与家庭贫困之间存在显著的负向影响关系，而户主的性别、户主的年龄、家庭劳动力资源、家庭旅馆客房数量与家庭贫困之间的影响关系不显著。从不同变量之间的影响程度比较来看，在正向影响关系中，距离景区的远近对家庭贫困的影响程度最大，其次是家庭未成年人口数量；在负向影响关系中，家庭成员的受教育水平对家庭贫困的影响程度最大，其次是户主的健康水平，家庭人口规模对家庭贫困的影响程度最小。因此，假设 H1-3、H1-4、H2-1、H2-2、H2-4、H3-1 成立，假设 H1-1、H1-2、H2-3、H2-5 不成立。

（1）从户主特征来看，在性别方面，户主的性别系数为 -0.168，影响方向与预期一致，但并不显著。由于社会风俗的不同（家族同居），加之来自旅游扶贫开发的影响，在一定程度上削弱了性别对家庭贫困状况的影响程度，从而呈现出不显著特征。在年龄方面，户主年龄的回归系数为 0.261，对家庭多维贫困概率没有产生显著影响。在教育方面，户主受教育水平的回归系数为 -0.730，边际概率为 -0.199。表明户主的受教育水平对家庭多维贫困概率的影响显著为负，影响方向与预期一致。从侧面反映出，作为一种人力资本，教育在摆脱贫困、保持不贫困能力方面所具有的重要作用。最后，在健康方面，户主健康水平的回归系数为 -1.087，边际概率为 -0.380。表明户主的健康水平对家庭多维贫困概率的影响有着显著的负向作用，即户主的身体越健康，家庭陷入贫困的概率就越低。由此可以看出，户主的身体健康水平对家庭贫困所产生的重要影响。事实上，根据阿玛蒂亚·森能力贫困理论，对于患有疾病的家庭户主而言，则意味着可行能力的被剥夺，不仅会影响获取收入的能力，而且还会使收入转化为可行能力变得更加困难。

（2）从家庭资源禀赋来看，在人口规模方面，家庭人口规模的回归系数为 -0.329，边际概率为 -0.090。表明其对家庭贫困概率存在显著的负向影响，即家庭人口每增加 1 人，家庭陷入贫困的概率就降低 0.09。这与扎尕那村的实际状况相符合。在家族同居的情况下，家庭人口规模越大，意味着获取收入的来源越多，家庭陷入贫困的可能性就小。在教育方面，家庭成员的受教育水平与家庭多维贫困同样存在显著的负向影响，影响方向与预期一致。回归系数为 -1.140，边际概率为 -0.311，再次表明受教育水平在提升家庭抗风险能力、降低家庭贫困脆弱性所具有的重要作用。在劳动力方面，鉴于旅游业所具有的低门槛、可进入性强的特点，在一定程度上弱化了劳动力人口对家庭贫困的影响程度，从回归系数和边际效用来看，其对家庭贫困的影响不显著，从而假设 H2–3 不成立。在未成年人口数量方面，由于家庭未成年人口数量越多，产生的教育、医疗费用也就越大，家庭陷入贫困的可能性也越大。统计结果显示，家庭未成年人口数量的回归系数为 0.487，边际概率为 0.133。表明未成年人口的数量与家庭多维贫困之间具有显著的正向影响关系，即家庭未成年人口每增加 1 人，家庭陷入贫困的概率就会提高 0.133。最后，在客房数量方面，家庭旅馆客房数量的回归系数为 0.006，边际概率为 0.002，表明拥有家庭旅馆的实际数量并未对家庭贫困概率产生显著影响，也即假设 H2–5 不成立。在一定程度上表明，客房数量的多少并不能成为影响收入的主要因素，在民族地区，对于自驾车旅游者而言，具有当地特色的住宿风格才是其最先考虑的因素。

（3）从村级特征来看，计算结果显示，其回归系数为 0.517，边际概率为 0.141，表明距离景区的距离对家庭贫困起着显著的正向作用，影响方向与预期一致。即居住地距离景区越远，家庭陷入贫困的概率就越大，这与扎尕那村的实际状况相一致。在扎尕那由于部分家庭距离景区较近，在旅游资源及信息的获取方面较距离景区较远的家庭享有更多的优先权，从而对家庭的收入状况产生一定的影响。

表 2–12　扎尕那多维贫困影响分析结果（124 户家庭）

变量		多维贫困probit回归		多维贫困边际效应	
		系数	Z值	边际效应	Z值
户主特征	户主的性别（X1）	–0.168（0.456）	–0.37	–0.048（0.138）	–0.35
	户主的年龄（X2）	0.261（0.340）	0.77	0.714（0.092）	0.77
	户主的受教育水平（X3）	–0.730**（0.344）	–2.12	–0.199 **（0.094）	–2.13
	户主的健康水平（X4）	–1.087 **（0.475）	–2.29	–0.380**（0.178）	–2.13

变量		多维贫困probit回归		多维贫困边际效应	
		系数	Z值	边际效应	Z值
家庭资源禀赋	家庭人口规模（X5）	−0.329**（0.156）	−2.11	−0.090**（0.042）	−2.13
	家庭成员受教育水平（X6）	−1.140 ***（0.419）	−2.72	−0.311 ***（0.102）	−3.03
	劳动力资源（X7）	0.164（0.179）	0.92	0.045（0.049）	0.92
	家庭未成年人口（X8）	0.487**（0.224）	2.17	0.133 **（0.061）	2.20
	家庭旅馆客房数量（X9）	0.006（0.010）	0.57	0.002（0.003）	0.58
村级特征	距离景区的远近（X10）	0.517***（0.169）	3.06	0.141***（0.046）	3.10
Log likelihood		−52.6827			
Pseudo R^2		0.2767			
Prob > chi^2		0.0000			
Number of obs		124			

注：***、**、* 分别表示 1%、5%、10% 的显著水平，括号内数值为标准误差。

为了进一步验证扎尕那村各家庭多维贫困影响因素的统计结果，现从家庭资源禀赋、村级特征两个方面对样本总体进行分析，以精准识别当地村民的致贫原因。

根据表 2-13 的统计结果，家庭人口规模、家庭成员的受教育水平 2 个变量与家庭贫困之间具有显著负向影响关系，而家庭未成年人口数量与距离景区远近 2 个变量与家庭贫困之间存在显著的正向影响关系。对于劳动力资源、家庭旅馆客房数量与家庭贫困之间的影响关系不显著。从各变量之间的影响程度比较来看，在负向影响关系中，家庭成员的受教育水平对家庭贫困的影响作用最大，其回归系数为 −0.697，边际概率为 −0.204；在正向影响关系中，居住地距离景区的远近对家庭贫困的影响作用最大，其回归系数为 0.340，边际概率为 0.099。从家庭资源禀赋、村级特征对家庭贫困影响分析的统计结果来看，与表 2–12 的统计结果基本一致。

表 2–13　扎尕那多维贫困影响因素分析结果（样本总体）

变量		多维贫困probit回归		多维贫困边际效应	
		系数	Z值	边际效应	Z值
家庭资源禀赋	家庭人口规模（X5）	–0.192*（0.109）	–1.76	–0.056*（0.031）	–1.76
	家庭成员受教育水平（X6）	–0.697***（0.268）	–2.60	–0.204***（0.076）	–2.67
	劳动力资源（X7）	0.047（0.128）	0.37	0.014（0.037）	0.37
	家庭未成年人口（X8）	0.281*（0.161）	1.75	0.082*（0.047）	1.75
	家庭旅馆客房数量（X9）	0.008（0.010）	0.81	0.002（0.003）	0.81
村级特征	距离景区的远近（X10）	0.340**（0.154）	2.20	0.099**（0.045）	2.21
Log likelihood		–79.777			
Pseudo R^2		24.31			
Prob > chi^2		0.0005			
Number of obs		163			

注：***、**、* 分别表示 1%、5%、10% 的显著水平，括号内数值为标准误差。

2.2.5.5 扎尕那村村民致贫原因分析

根据一维、多维贫困测算结果可知，目前扎尕那村的贫困问题并不严重。作为一个旅游资源丰富的典型藏族村寨，扎尕那村经过旅游开发所产生的经济效益无疑是显著的。但是在当地旅游业快速发展的同时，仍有部分村民因内部和外部原因未能充分享受到旅游发展所带来的成果。根据深度访谈及多维贫困影响因素统计分析结果，在结合前人研究成果以及遵循案例地实际的基础上，本研究构建了扎尕那村村民致贫因果模型图，并据此对当地村民致贫原因进行了分析（见图 2–5）。

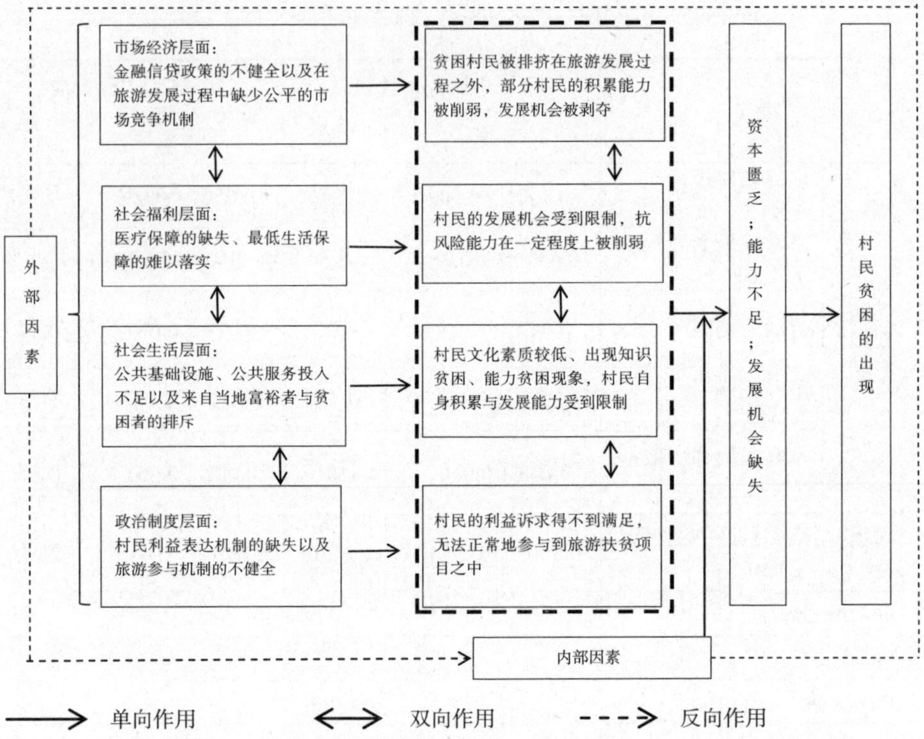

图 2–5　扎尕那村村民致贫因果模型[1]

（1）扎尕那村村民贫困的内部因素。

①文化层次不高，受教育水平整体偏低。受地理位置及教育投入机制的影响，民族地区受教育水平普遍较低。从图 2–6 可直观地看出，在有效问卷中，受教育水平为小学及以下的共有 121 人，占样本总体的 74.2%，而受教育水平为高中及以上的共有 25 人，仅占样本总体的 15.3%。从扎尕那一维贫困发生率的统计结果来看，在所选维度中，教育的贫困发生率

1　根据银平均《社会排斥视角下的中国农村贫困》以及扎尕那实际所构建。

最高，为 74.8%，远高于经济维度。由此不难看出，受教育水平整体偏低的现状已成为制约扎尕那村民摆脱贫困的主要因素之一。根据多维贫困影响因素的统计分析结果，无论是户主的受教育水平还是家庭成员的受教育水平均对家庭贫困产生显著影响，而大量事实同样表明，受教育程度与降低家庭贫困之间具有显著相关性，在贫困地区能够最先摆脱贫困的人，往往是受过一定教育、具有一定文化知识的乡村“能人”。

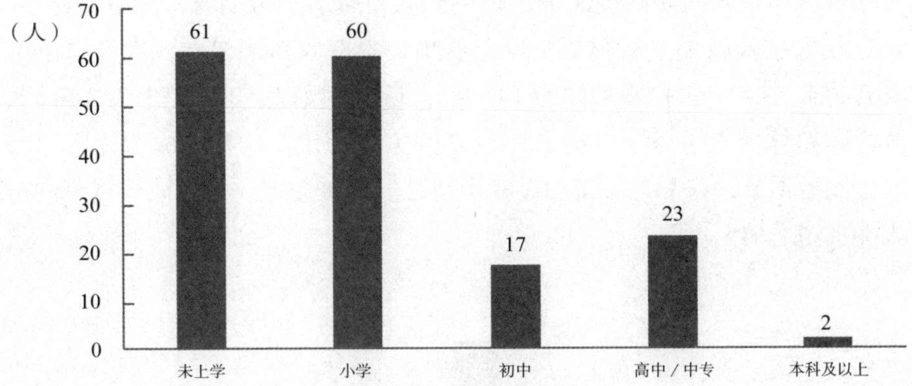

图 2-6　受教育程度统计

②缺少参与旅游的资金和技术。随着知名度的提高，扎尕那对旅游者的吸引力也在日益增强。为了获取收入，当地村民不失时机地参与到旅游发展之中。但部分村民却因为缺少资金与技术而无法响应其中。在对扎尕那村村民进行深度访谈的过程中，当问及村贫困户贫困的原因是哪些时，很多村民首先想到的是缺少资金，其次是没有技术。村民表示“为了能够参与旅游，一些家庭选择把家里的牛都卖掉，将获得的钱全部用来建藏家乐，但因为自身积蓄有限，卖牛所获得的钱也只是杯水车薪，家里的牛没了，农家乐也没有建起来，反而使家庭更加贫困”。由此可以看出，相比富裕家庭，贫困家庭参与旅游的过程则显得更加困难。长此以往，旅游发展的成果大多由富裕家庭所占有，而相对贫困的家庭则被排挤在旅游发展的过程之外。最终，因资金的匮乏、发展机会的缺失而使家庭越来越贫困。

③家庭人口规模较小。 根据多维贫困影响因素的统计结果可知，人口规模与家庭贫困之间存在显著的负向影响关系，这一结果从对当地村民的深度访谈中得到进一步验证。在访谈中，当问及那九道吉造成他们一家贫困的主要原因是什么时，他表示："他们一家只有 3 口人，儿子在外地念书，一年只回家一次，而老两口则能力有限，收入来源不多。"在访谈中，很多村民表示，"只要兄弟之间团结和睦，那么就不会分家"。这也就意味着，在家族同居的情况下，家庭总人口越多，劳动力资源也就越多，家庭收入也就越多。从图 2–7 可以看出，家庭人口规模在 4 人及以下的家庭共有 23 户，占样本总体的 14.11%，而 5 人及以上的家庭共有 140 户，占样本总体的一半以上。与人口较多的家庭相比，这些家庭因为人口较少，能力不足，在参与旅游的过程中往往容易被忽略，家庭陷入贫困的可能性也随之加大。

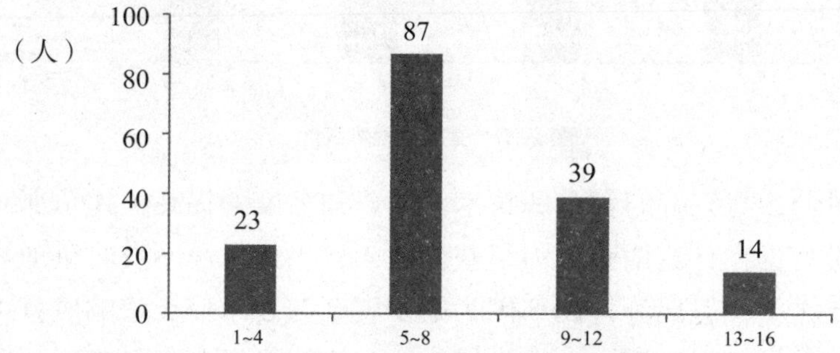

图2–7　家庭人口规模统计

（2）扎尕那村村民贫困的外部因素。

①市场经济层面。在对扎尕那村村民进行深度访谈时发现，金融贷款成为很多村民面临的难题。在贷款次数上，贷款次数为 0 的家庭最多，所占比重为 86%，其次是贷款次数为 1 次的家庭，所占比重为 12%，而贷款次数在 2~3 次的家庭仅占 2%。在贷款金额上，金额差距较为明显，千元到百万元不等。当问及原因时，村民表示"贫困户每次可以向银行贷款 5 万元，但是因为家庭条件不好，找不到担保人，所以钱还是贷不出来，

尽管有些家庭拿一折通进行抵押，考虑到偿还能力，贷出来的钱也不多。”这也就意味着，将偿还能力考虑在内，相对富裕的家庭在金融贷款方面会比贫困家庭获得更多的优势，从而其获得进一步发展的机会也就越多，生活条件也就越好。而原本贫困的家庭却因缺少进一步发展的机会，则变得更加贫困，在旅游发展过程中不可避免地处于弱势地位。由此产生的结果将是贫富差距的进一步扩大，公平竞争的市场环境难以维持，而在这种情况下，贫困家庭获得进一步发展的机会也将更加困难。

②社会福利层面。社会福利制度具有防止非贫困人口陷入贫困阶层以及帮助贫困人口摆脱生活困境的双重功能。在最低生活保障方面，通过对村民的访谈得知，低保金是目前贫困户所得到的主要救助。村民表示：“低保金分为四个等级，一等每人 120 元，二等每人 80 元，三等每人 60 元，四等每人 40 元，而在低保金的获得方面往往会存在不公平问题。”由此可以看出，低保金只能维持贫困家庭的基本生活需要，但有时还会面临被剥夺的现象。一旦受到来自疾病的威胁时，不仅会加重家庭的贫困程度，还会面临“是治疗受穷而拖累家庭，还是拖着不治，听天由命”这一异常艰难的抉择。在旅游扶贫享受方面，由图 2–8 可以看出，无论是在就业还是在收入方面，旅游扶贫开发所产生的积极影响已得到多数村民的认同。但在与旅游相关的技能培训方面，却存在较大的差距。接受过培训的村民共有 45 人，仅占样本总体的 26.61%，而另外的 73.39% 的村民却未曾接受培训。在政府补贴方面，有一半以上的村民表示在修建藏家乐的过程中，并未等到政府的财政补贴。毫无疑问，社会福利制度在防止非贫困人口陷入贫困阶层以及帮助贫困人口摆脱生活困境的功能并未得到有效发挥，被排斥在社会福利制度之外的贫困人口，随着抗风险能力的不断下降，更加容易陷入贫困之中。

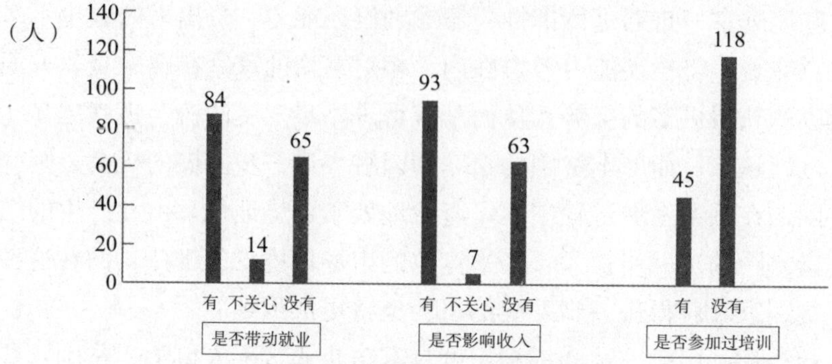

图 2-8　旅游扶贫受益情况

③社会生活层面。旅游扶贫开发以贫困人口为出发点和归宿，其最终目的是改善贫困人口的基本生活条件，提升贫困人口的综合发展能力。因此，与贫困人口的基本生存和发展需求有着直接关系的公共基础设施则成为旅游扶贫开发的首要任务。首先，在生活用水方面，问卷调查显示，有31户家庭饮用的不是自来水，所占比重为19%。在深度访谈过程中，村民表示"受季节的影响，冬季饮水较为困难，部分家庭会去山里取水"。这在一定程度上表明，当地村民的基本生活需求并未得到较好的保障，从而也说明了，旅游扶贫项目建设在因地制宜、改善当地村民基本生活条件方面还有待进一步完善。其次，在村民关系上，很多村民表示与旅游发展之前相比，邻里关系出现明显的不平等、不团结，甚至在一定程度上受到来自富裕人口的排斥而逐渐被边缘化。当然，这与市场经济的本质有着密切的关系。在旅游发展过程中不可避免地会产生竞争，而处于弱势地位的群体，很容易受到来自强势群体的排斥，从而出现富者越富、穷者越穷的现象。

④参与制度层面。根据图 2-9 可知，大多数村民对旅游扶贫项目的了解程度较低，而真正参与到旅游扶贫项目的村民也相对较少，仅占样本总体的10.43%。显然，很多村民在有关扶贫资金的去向、使用方式以及扶贫效果的评估等环节受到一定程度的排斥。而在深度访谈中，部分村民表示"在旅游扶贫资源的配置方面，存在分配不到位的情况，由于东哇

村距离景区较近，有实力，有些属于业日村的资源反而给了东哇村”。由此不难看出，对于旅游资源处于弱势地位的村民，因利益诉求长期得不到满足，加之旅游扶贫资源配置的不公平会进一步加剧其贫困程度。毫无疑问，这种情形与旅游扶贫的目的相背离。事实上，旅游扶贫的本质是以目标地区的贫困人口为出发点和归宿，但关键则是需要贫困人口真正地参与其中，尤其是针对各类旅游扶贫资源的配置、利益的分配及实施方案计划等过程控制环节。如果在这些环节受到排斥，那么产生的后果将是贫困人口不断地被边缘化，旅游所产生的经济效应也将会变成“富人经济”，资金的匮乏、发展机会的缺失，致使贫困人口的贫困程度更加严重。

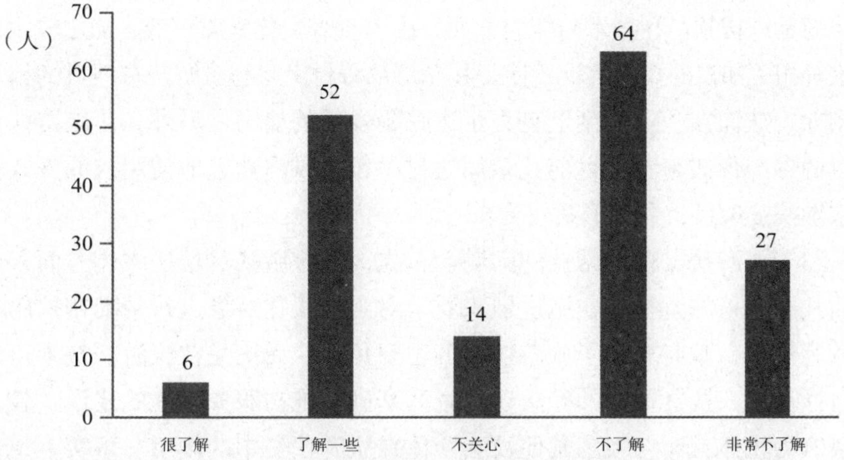

图 2-9　旅游扶贫项目了解程度统计

2.2.5.6 扎尕那旅游扶贫存在的问题分析

（1）旅游扶贫资金的使用问题。旅游扶贫资金的精准使用对于目标地区旅游扶贫项目建设以及基础设施的改造提升有着至关重要的作用。但在扎尕那村的旅游扶贫实践过程中，由于缺少对旅游扶贫项目的可行性论证，盲目投资现象较为严重，出现旅游扶贫资金利用不合理问题。在对村民的访谈中得知，“在进行扶贫开发之初，政府曾投入大量资金用于旅游星级厕所的修建，但目前因厕所距离景区较远，无人使用而荒废”。另外，在扶贫资金使用方面，还存在扶贫资金拨付不及时的现象。根据村民的反映，道路、污水处理厂的修建因资金拨付不及时而停滞。由此不难看出，旅游资金的不合理使用，在一定程度上会影响扶贫资金效益的发挥。

（2）旅游扶贫的项目参与问题。从扎尕那村村民致贫的内、外部原因可知，目前当地村民在旅游扶贫项目的参与上，还存在诸如资金匮乏、技术与能力不足等方面的障碍。首先，在资金方面，旅游扶贫专项资金的不到位加之缺少政府的财政补贴，只能自筹资金，对于当地经济条件较好的家庭可以抵押资产获得一定额度的贷款，抑或是卖牛得到一定的资金，以解决面临的资金难题。但对于经济状况较差的家庭，因无人担保，而无法获得金融机构的足额贷款。在技术与能力方面，由于自身文化素质较低，加之较少参与旅游相关知识的技能培训，使得扎尕那部分村民参与旅游扶贫项目的权利被剥夺，从而在一定程度上丧失了进一步发展的能力。另外，从旅游扶贫项目的参与形式来看，目前扎尕那村村民较多以出让土地使用权的方式参与旅游扶贫项目，参与形式较为单一。

（3）旅游扶贫精准帮扶的问题。首先，在旅游扶贫帮扶主体方面，从目前扎尕那村旅游扶贫实施进展来看，对当地扶贫对象进行精准帮扶的主体较为单一，政府充当了旅游扶贫的主要角色。无论是在旅游扶贫项目的可行性论证、扶贫资金的筹集还是景区基础设施与服务设施的建设，较多以政府为主体，而忽视了其他社会团体在旅游扶贫中的作用。事实上，为了确保贫困人口能够在旅游扶贫中受益，需要包括政府、非政府组织、旅游企业、旅游者以及贫困人口等在内的各相关利益者的广泛参与，而不是仅仅依靠政府的帮扶。其次，旅游扶贫精准帮扶缺乏针对性。在扎尕那旅游扶贫实践中，对于贫困的衡量较多从经济层面尤其是收入水平进行考量，而忽视了旅游扶贫对象参与能力的培养、进一步发展能力的创造以及村民参与旅游扶贫权利的赋予。最后，在帮扶力度方面，从目前村民得到的救助来看，主要以低保金为主，旅游扶贫与其他专项扶贫结合的力度不强，针对扎尕那村扶贫对象的帮扶力度有待进一步加强。

2.3 研究结论

首先，从多维贫困发生率来看，民族地区乡村居民不仅面临收入上的贫困，还面临教育、健康以及生活等方面的贫困，尤其以教育贫困最为严重。在家庭内、外部因素的影响下，民族地区部分贫困人口因资金匮乏、能力不足而被排斥在当地旅游扶贫项目之外。受以往贫困识别指标的影响，仅从经济层面来识别旅游扶贫对象，只抓住了贫困的本质，并不能很好地反映民族地区贫困的全貌，在一定程度上也未能对旅游扶贫对象进行有效识别。因此，在民族地区乡村旅游扶贫实践中，既要重视乡村居民收入，还应关注多维贫困的现实。针对不同家庭的教育、经济、生活以及资产状况，运用合规有效的程序将民族地区贫困人口和非贫困人口进行区分，从而实现民族地区旅游扶贫的精准度。

其次，在家庭多维贫困影响因素方面，户主的受教育水平、健康状况、家庭人口规模及家庭成员的受教育水平与家庭贫困之间存在显著的负向影响关系，而家庭未成年人口数量与距离景区远近则与家庭贫困之间存在显著的正向关系。也就是说，影响家庭贫困的因素是多方面的，不仅受到户主的影响，同时还会受到家庭资源禀赋以及村级特征的影响。基于此，在民族地区旅游扶贫实践中，要根据民族地区的实际情况，对家庭多维贫困影响因素进行有效识别，在此基础上针对贫困家庭的特点有针对性地对贫困人口进行能力提升、权利赋予以及发展机会的创造。

最后，从致贫因果关系来看，民族地区乡村居民无论是在市场经济、社会福利层面还是在社会生活、政治制度层面，都受到不同程度的排斥，最终导致贫困人口资金匮乏、能力不足的程度加重，进而导致发展机会的缺失。由于缺少参与旅游扶贫的资金与技术，加之自身文化素质不高，民族地区贫困人口在旅游发展中很容易被忽视甚至被边缘化，利益诉求较难满足，旅游扶贫在脱贫、减贫方面的固有成效也较难发挥。因此，在民族地区乡村旅游扶贫中，要尽可能满足贫困人口在旅游发展中的利益诉求，关注乡村贫困人口在经济层面、社会福利层面、社会生活层面以及政治制度层面的获益情况，确保贫困人口参与旅游扶贫的权利不被剥夺。

2.4 对策与建议

2.4.1 扎尕那旅游扶贫具体解决对策

2.4.1.1 提高旅游扶贫资金的使用效率

在进行旅游扶贫时，首先要确保扶贫资金的精准拨付与及时拨付，在准确识别当地贫困人口的前提下，做到专款专用，将旅游扶贫资金真正用于需要救助的贫困村民身上，避免旅游扶贫资金使用的随意性。其次要确保旅游扶贫资金使用的精准度，在对旅游扶贫项目进行投资时，一方面要进行扶贫项目的可行性论证，另一方面要根据扎尕那村的实际情况因地制宜地进行旅游扶贫项目建设与旅游基础设施建设。最后要强化旅游扶贫资金的运行管理。对旅游扶贫资金使用过程中的每一个环节要进行全过程监管，具体包括旅游扶贫项目的申报、旅游扶贫对象的确定、旅游扶贫资金的分配与拨付、旅游扶贫工程的实施与验收等方面，通过对旅游扶贫资金的强化管理，最大限度地提高旅游扶贫资金的使用效益。

2.4.1.2 提高村民参与旅游扶贫的能力

从扎尕那村村民的致贫原因可以看出，受家庭资源以及资产的限制，当地贫困人口在很大程度上存在旅游扶贫参与障碍的问题。因此，要尽可能地打破村民面临的这种资源约束现状。首先，政府应划拨旅游扶贫专项资金支持当地村民在旅游相关基础知识方面的培训，提高扎尕那村村民参与旅游扶贫的能力，解决扎尕那村村民教育贫困的问题。其次，完善当地的信贷担保体系，从为村民提供小额信贷开始，解决当地贫困人口参与旅游扶贫的资金障碍。最后，赋予村民参与旅游扶贫项目的权利。贫困人口是旅游扶贫的对象，只有其真正参与到旅游扶贫项目之中，才能在旅游扶贫开发过程中不断提升自身的综合能力，加快其脱贫的速度。因此，在进行旅游扶贫项目的选择、规划以及实施等关键环节，要确保贫困人口的参与权利不被剥夺，使其真正地参与其中。

2.4.1.3 提高旅游精准帮扶的针对性

根据多维测算结果，目前在扎尕那村有部分村民存在多维贫困现象，针对这部分村民，要进行有针对性的精准帮扶。在旅游扶贫实践中，根据各家庭的贫困程度，首先要区分旅游扶贫定点与重点扶持对象。其次在为其提供资金支持的前提下，对其进行旅游经营管理、旅游服务等旅游相关技能培训，为其创造进一步发展的能力、赋予其参与旅游扶贫的权利。对贫困程度较深的家庭进行旅游扶贫精准帮扶时，应在赋予其参与旅游扶贫权利、提供资金、技能培训的前提下，广泛动员社会团体及个人对其进行捐赠，帮助其改善生活条件，并逐渐摆脱贫困。具体帮扶措施见表 2–14。

表 2–14　扎尕那多维贫困精准帮扶措施

贫困程度	具体帮扶措施
三维贫困	资金支持、技能培训、赋予权利
四维贫困	资金支持、技能培训、赋予权利
五维贫困	定点扶持、资金支持、技能培训、赋予权利
六维贫困	重点扶持、资金支持、技能培训、赋予权利
七维贫困	重点扶持、资金支持、技能培训、赋予权利
八维贫困	重点扶持、资金支持、技能培训、赋予权利、物质捐赠
九维贫困	重点扶持、资金支持、技能培训、赋予权利、物资捐赠

2.4.2 甘南藏族地区乡村旅游精准扶贫的建议

2.4.2.1 甘南藏族地区乡村旅游扶贫对象精准识别的建议

目前对旅游扶贫对象的识别较多以收入水平为依据进行衡量，进而认定为旅游扶贫工作的目标人群。但从对扎尕那村的实证研究结果来看，以收入水平为指标的贫困发生率与多维贫困发生率之间存在显著的差距。也就是说，随着贫困性质的不断变化，仅以收入水平这一单一指标来衡量目标地区的贫困程度不全面，也不准确。因此，测度方法以及全面反映贫困状况的维度、指标的选择则成为乡村旅游扶贫对象精准识别的关键，对于有着特殊地域环境的民族地区更是如此。基于此，针对甘南藏族地区乡村旅游扶贫对象精准识别提出如下建议。

首先，在维度、指标的选择方面。从前人的研究成果来看，旅游扶贫的目标人群通常会因为缺少参与旅游发展所需的能力，存在诸如缺少资金、技术、劳动力素质低、可进入性差等旅游参与障碍。而旅游扶贫的关键则是为目标人群减少参与旅游的障碍，使其能够在旅游发展中提高自身的综合能力。从区域层面来看，目前采用的维度和指标主要集中在经济层面，在一定程度上能够把握贫困的本质，但是对于民族地区而言并不能很好地反映当地的贫困面貌。扎尕那村的实证研究表明，在民族地区贫困不仅仅局限在经济层面，还涉及教育、生活、资产等多个维度上的贫困。因此，鉴于所属地域环境的不同，甘南藏族地区在进行旅游扶贫对象精准识别时，维度和指标的选取应尽量全面，要能够反映出当地贫困问题的显著方面，在真实反映区域内乡村居民贫困现状的基础上，对贫困人口和非贫困人口进行有效区分，从而实现有针对性的旅游精准扶贫。

其次，在贫困测度方法的选择方面。目前关于测度贫困的方法和手段很多，主要包括以下三种：第一种方法，即在测量单元既定的前提下，根据获取的问卷调查结果，借助具体的贫困测算方式计算目标地区的贫困发生率；第二种方法，即针对贫困人口以及致贫原因所进行的典型调查；第三种方法，即根据划分的贫困类型，采取投票的方法对目标地区的贫困人口进行识别。鉴于投票识别贫困人口的方式没有可以实际测量的标准，并且公正性较难保证，最终会影响贫困人口识别的精准度。因此，在对甘南藏族地区乡村旅游扶贫对象进行精准识别时，可以将第一种和第二种方法进行结合。首先确定贫困识别单元，在此前提下，由当地相对独立的统计部门按照所设定的贫困评价指标或指标体系进行抽样调查和典型调查，根据调查结果，借助多维贫困发生率的测算公式，对甘南藏族地区乡村贫困发生率进行测算，并根据获取的典型调查结果对当地乡村贫困人口的致贫原因进行分析。在实现甘南藏族地区旅游扶贫对象的精准识别的同时，还可以有效地把握贫困人口规模及区域分布特征，了解贫困人口的贫困特征。

2.4.2.2 甘南藏族地区乡村旅游扶贫对象精准帮扶的建议

之所以进行贫困人口的精准识别是因为需要将贫困和非贫困人口真正地区别开来，并根据贫困人口的贫困程度、贫困特征有针对性地进行精准帮扶，使其能够在旅游发展过程中不断增强摆脱贫困、保持不贫困的能力，提升抗风险能力，最大限度地降低贫困脆弱性的可能性。根据扎尕那村的实证研究结果，结合图 2-10 中政府、非政府组织、旅游企业、贫困人口、旅游者等各帮扶参与主体的互动模式，对甘南藏族地区乡村旅游扶贫对象的精准帮扶提出如下建议。

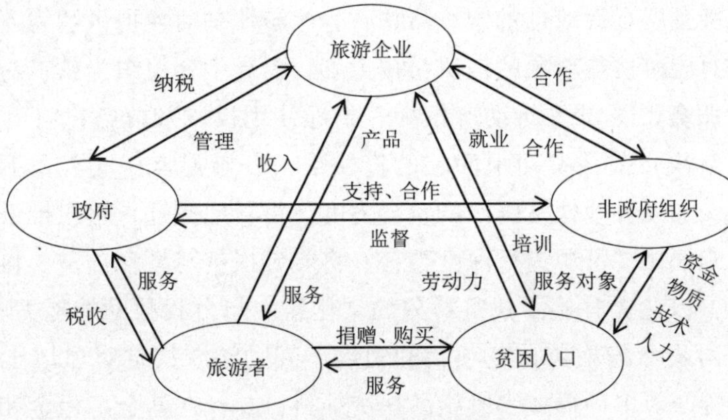

图2-10　各帮扶主体互动模式

（1）建立旅游扶贫多元帮扶体系。从图 2-10 可以看出，旅游扶贫目标的实现，需要社会各方的共同参与，尤其是旅游扶贫中各利益相关者的共同努力。因此，为了尽快使区域内的贫困人口摆脱贫困，甘南藏族地区应积极建立扶贫对象多元帮扶体系。首先，鼓励区域内非政府组织、企事业单位对贫困对象进行定点帮扶，通过教育、技术、物资等方面的支持，改善贫困人口的生活条件，提高贫困人口参与旅游扶贫的技能。其次，进行旅游扶贫对口帮扶，鼓励自治州内旅游发展较好的市、县向贫困地区提供技术、资金以及人员培训支持，同时倡导旅游企业参与旅游扶贫，鼓励旅游企业与贫困地区的小型企业建立长期合作关系，为小型企业提供技术转让与资金支持，在旅游企业经营过程中为贫困人口提供就业机会和市场机会。此外，旅游企业还应帮助贫困地区进行口碑宣传，为贫困人口提供旅游扶贫的参与资金和相应的旅游培训。最后，通过资金引导的方式，调动扶贫对象参与旅游扶贫的主动性，鼓励贫困人口在旅游发展中提升自身素质，进行自我救助，通过自筹资金、参与旅游就业发展逐渐摆脱贫困。

（2）加大旅游扶贫对象帮扶力度。首先，加大对旅游扶贫对象的智力帮扶力度。一方面，鼓励各类教育科研机构在旅游扶贫开发、旅游扶贫项目建设以及旅游人才培养等方面，与自治州贫困地区建立深度合作，并以此开展对口帮扶。另一方面，鼓励企业、社会组织以及个人参与旅游扶贫过程，积极开展有针对性的定点帮扶，为旅游扶贫对象提供智力支持。其次，加大对旅游扶贫对象的信贷帮扶力度。引导中介组织为扶贫对象提供信用担保服务，尝试推行动产抵押、土地使用权以及权益抵押等担保形式，从而解决目前扶贫对象面临的贷款难、参与旅游开发资金不足的现状。此外，加强各项扶贫资源的整合力度。将异地搬迁、整村推进以及产业扶贫等专项扶贫资源进行深度整合，将旅游扶贫与教育扶贫、科技扶贫进行结合，以此提升旅游扶贫对象的文化素质与自我救助的能力。最后，加大扶贫对象参与旅游扶贫项目的力度。鼓励旅游扶贫对象以土地使用权、固定资产等多种形式入股旅游扶贫项目，并且在薪金、租金和股金等方面享有稳定长期的收益回报。

（3）提高扶贫对象帮扶的针对性。旅游精准帮扶不仅要强调量的增加，还需关注帮扶质的提升以及帮扶针对性的提高。因此，在进行旅游扶贫开发时，为明确帮扶的内容，要深入了解自治州内扶贫对象的贫困特点与致贫原因，制定有针对性的精准帮扶措施。首先，针对面临教育贫困的帮扶对象，应加大对其的培训力度。根据扶贫对象的需求，对其进行文化基础知识如普通话的培训，以及包括经营管理、旅游服务等在内的与旅游相关的技能知识的培训。其次，对于资金匮乏的扶贫对象，应加大对其的资金扶持力度。一方面，可以加大财政拨款和政府补贴的力度，解决扶贫对象参与旅游扶贫的资金问题。另一方面，拓宽信贷担保形式，解决扶贫对象贷款难的问题。另外，针对因病致贫的旅游帮扶对象，将旅游扶贫与医疗救助相结合，探索建档立卡贫困患者大病临时医疗救助机制，对住院或特病门诊医保报销范围内、经各项报销后剩余自付费用按照 90% 的比例予以救助，以破解因病致贫、因病返贫难题。最后，针对在旅游扶贫项目方面受排挤的帮扶对象，应赋予其参与旅游扶贫项目的选择、规划以及管理等方面的权利，使旅游扶贫对象能够真正参与到旅游扶贫的资源配置、利益分配以及实施方案计划等过程控制环节，满足扶贫对象的利益诉求。

2.4.2.3 甘南藏族地区乡村旅游扶贫精准管理的建议

首先，完善旅游扶贫动态跟踪监测机制。建立甘南藏族自治州旅游扶贫信息网络系统，整合自治州旅游扶贫目标人群与旅游扶贫项目数据库。为有效评估旅游扶贫的实施成效，一方面，根据旅游扶贫对象的收入变化情况，实现有进有退的旅游扶贫对象动态监测。另一方面，根据实施进度、质量以及资源的配置情况对旅游扶贫项目进行跟踪监测。根据动态监测结果，及时对旅游扶贫措施进行调整。其次，加强对旅游扶贫工作的精准考核。将旅游扶贫目标识别、旅游扶贫精准帮扶以及旅游扶贫动态管理过程纳入甘南藏族自治州脱贫攻坚绩效考核范围之内，并将考核结果与旅游扶贫资金分配与主要责任人职务的升迁挂钩。

第3章

多维贫困视角下民族地区乡村旅游减贫效应评价研究

3.1 研究现状

3.1.1 乡村旅游与贫困减缓的关系研究综述

在乡村旅游对区域贫困减缓的影响关系研究方面，国内外学者已做了大量研究，这些研究论证了乡村旅游对区域内贫困减缓的实现性。国外部分学者认为，乡村旅游是促进贫困减缓的一种重要方式，但对于乡村旅游减贫的研究更多地体现在产生的各类影响上。Wall G.（1996）分析了印度尼西亚巴厘岛 8 个典型乡村的旅游发展后指出，旅游发展对土地、水资源的占用所造成的损失超过了旅游发展所带来的收益，威胁到当地居民的生存。Peter Mason（2000）对乡村旅游对当地居民的正面影响和负面影响都做了阐述。Chris Ryan（2001）认为乡村旅游发展过程中当地居民在承受旅游带来的负面影响的同时，应该分享旅游带来的利益，提出一种包含公平公正、社区参与管理、权利分享以及旅游的可持续发展为核心的“新旅游”发展观。Ribeiro M.（2002）在葡萄牙 2 个乡村地区的实证研究表明，由于旅游业本身存在的季节性限制，且乡村旅游的参与企业规模不大，创造的就业机会层次较低，整体的收入水平不高，导致乡村旅游对区域内相关参与人员的贫困减缓程度并不显著。而国内对该领域的研究多体现在乡村旅游影响区域内贫困减缓的实证方面。林懿（2008）从经济、文化和生态环境的角度分析了乡村旅游减贫的风险性，并研究了相应的对策等。刘方瑜（2009）结合乡村旅游自身的特色属性，从乡村旅游开发的意义与优势切入，分析了乡村旅游对区域内贫困减缓带来的正向效应。邢慧斌（2010）等通过立足当地资源特色和旅游市场需求，针对河北太行山区乡村旅游开发设计的原则、方法与特色旅游项目进行了分析，为当地通过乡村旅游助力脱贫攻坚工作提供了有价值的参考方案。张遵东（2011）等研究了贵州民族地区乡村旅游发展对农民收入的影响因素。成家全（2011）等以贵州为例研究了乡村旅游减贫与高职教育之间的互动关系。孙志国（2012）等通过对武陵山片区的旅游资源及其优势的分析，提出了武陵山片区开展乡村旅游减贫开发的对策及建议。盛磊（2012）以四川省旺苍县为例，对贫困山区乡村旅游开发规划进行了研究。黄葵（2014）以重庆渝东南地区为例，对乡村旅游减贫的发展思路和减贫模式进行了研究。陈袁丁（2014）以恩施市太阳河乡为例，研究了少数民族地区乡村旅游减贫的发展现状并提出相应的改进措施。孙沁（2014）等就腊尔山高寒山区如何利用独特的乡村旅游资源，将乡村旅游开发与减贫开发有机结合提出了对策和建议。上述国内外的研究在整体上都认为乡村旅游确实可以在一定程度上消除贫困，但同时也会带来一系列的负面影响，这是因为贫困本质上是一个多维概念，提高收入水平并非贫困地区减贫效应的全部，还应重视教育机会、卫生保健、性别平等和种族歧视等问题，因此对于乡村旅游减贫效应的研究应聚焦于该效应的系统性与持续性，从而全面、科学地评估乡村旅游发展对区域内贫困减缓状况的影响。综上所述，有必要基于一种多维度的视角来综合评价旅游与消除贫困之间的关系。

3.1.2 多维贫困理论研究综述

多维贫困理论始于 Hagenaars（1987）将闲暇这一概念纳入贫困研究的体系之中，运用收入与闲暇两个维度构建了最早的多维贫困指数体系；Tsui（2007）和 Chakravarty（2008）都尝试基于公理化的方法来对多维贫困进行测算，对于多维贫困的界定以及相关的矩阵定义与含义做出了较为明晰的解释说明，同时也提出了一些多维贫困的函数表达形式。Alkire

S.（2009）在 Sen 提出个人可行能力即权利与能力的基础上，对人类发展涉及的各个方面进行了完善总结，提出了 139 个人类发展维度，极大地增加了多维贫困体系的广度；Nussbaum M.（2010）将包含身体健康、思考、情绪情感、正常寿命、感知认知、想象、消遣玩乐及个人环境等共计 10 个维度作为多维贫困的基本维度；Coromaldi M.（2012）运用模糊方法描述与测算了 20 世纪 90 年代意大利的多维度贫困；Alkire S.（2013）同时运用了因素分析与聚类分析的方法对瑞士地区的多维贫困问题进行了实证研究；Ravallion M.（2015）认为对于多维贫困指数的研究应当从指数集的概念进行建构，而并非仅仅利用单个的贫困维度来确定多维贫困指数，并且在确定贫困各个维度的权重方面做出了贡献。而国内对贫困问题的研究较多地从单一维度或直接从消费的角度来进行切入，将贫困解构为多个维度的研究较为匮乏，从多维贫困角度来研究民族地区乡村旅游贫困减缓效应的文献更是少之又少。徐宽（2001）将 Sen 的多维贫困指数概念及相关的符号表达、社会福利函数等引入了国内，同时尝试基于公理化的方法对 Sen 提出的多维贫困指数进行了理论框架的构建；尚卫平（2008）认为贫困的本质应当是福利的缺失，而福利是一种多维度的概念，也因此福利的缺失就需要从多个维度进行表述，即贫困的理论是多维度的，并且提出了多维贫困的测度应当在缺失福利的变量上确定阈值，如若个人或家庭在某一维度上小于该维度的阈值，则该个人或家庭在这一维度上表现为贫困，并通过对多维贫困理论模型的构建总结出了多维贫困测量维度、指标的性质；王春萍（2009）认为静态的收入或是资源占有量并不能用来评价衡量个人的福利缺失与贫困状况，建议增加一些动态的维度来构建贫困评估体系，以期能系统地显示出贫困中的非收入因素与贫困的动态性；蒋翠侠（2011）基于非等权剥夺矩阵的方法，通过构建包含饮用水、收入、教育状况、健康保险与家用电器五个维度的多维贫困评价指标体系，应用 CHNS 公布的 1997 年、2000 年、2006 年的数据，分别对中国家庭的多维贫困状况进行了评价，同时改进了以往多维贫困指数的测量方法，将贫困发生率、贫困强度与贫困深度一同纳入一个统一的多维贫困指数测算过程中。以上研究说明国内外学者越来越重视从多维度来透视贫困问题，同样，对于民族地区乡村旅游减贫效应的评价研究也需要基于多维贫困理论来保证该效应评价的持续性和系统性。

3.1.3 旅游减贫效应研究综述

旅游减贫效应研究方面，国外专家、学者的研究相对较少，从现有对旅游减贫效应的研究成果来看，主要从旅游减贫影响因素（Ashley C.，2001；León Y. M.，2007）、贫困地区中贫困人口的受益和代价（Rogerson C. M.，2002；Mastny L.，2002）、旅游减贫所带来的综合效益（Lepp A.，2007；Muchapondwa E.，2013）等不同方面开展。国内则主要集中在旅游减贫生态效应研究（向延平，2010；杨德进等，2016；吴国琴，2016）；减贫效应的空间差异（龙祖坤，2015；李光明等，2016；李佳等，2016；杨亚芹，2016）、旅游减贫效应评价指标体系的构建（田翠翠等，2016；张海燕等，2016）及旅游减贫效应的影响因素等方面。所有这些研究为旅游减贫效应研究的发展做出了巨大贡献，使得旅游减贫效应研究的体系日益科学、完善，但是就整体而言，旅游减贫效应研究在评价对象的选取、评价指标体系的构建、评价方法的应用等方面还存在问题，需要进一步研究。

3.1.3.1 旅游减贫效应评价的对象

旅游减贫效应评价对象选取方面，从现有研究成果来看，国外学者的侧重点主要聚焦于“社区”，且主要针对旅游资源丰富而经济发展状况相对落后的亚洲、非洲、南美洲等发展中国家或区域。例如，Ashley 等（2000）指出在一些地区的旅游发展过程中，区域内的精英群体占据了相关产业的主导权，使得旅游的“增富”效应远远大于旅游的“扶贫”效应，加剧了区域内的贫富差距；Rogerson C. M.（2002）将南非普马兰加 Meander 地区作为研究对象，发现旅游发展对区域内黑人社区的利益推动十分有限，区域内各社区受到的旅游效应极不均衡；León Y. M.（2007）

根据对多米尼加沿海地区的23个社区研究，指出社区特征包括年龄、国内线路等在内的因素对旅游就业具有重要作用；Mensah E. A.（2010）以居民的视角对夏纳旅游与减少贫困的关系进行了研究。国内学者则主要偏重对连片特困地区的旅游减贫效应的评价。例如，张曦（2013）对连片特困地区的参与式减贫进行了效应评价；杨亚芹（2016）以邯郸市连片特困地区为研究对象分析了旅游减贫效应的差异；毛婧瑶（2016）以武陵山贫困片区为研究对象，对其进行减贫成效评价指标体系的构建；熊瑶（2016）研究了重庆市巴秦山区连片减贫以及减贫的效应。所有这些研究学者们多选择热点贫困国家、省市、片区等大尺度范围，为深入研究旅游减贫效应评价提供了很好的借鉴和参考，但将乡村这一小样本作为研究对象的研究较少，针对民族地区乡村的研究更是少之又少。因此，以民族地区乡村作为研究区域进行乡村旅游减贫效应评价的研究需要填补。

3.1.3.2 旅游减贫效应评价的体系

旅游减贫效应评价体系方面，目前国内外学者主要基于宏观与微观两个层面进行评价体系的构建。

在基于宏观层面的旅游减贫效应研究中，国外专家学者多运用宏观数据来针对经济发展落后的国家或地区进行旅游减贫效应的评价。Luvanga等（2003）从就业状况、收入水平、乘数效应、资产所有权情况、基础设施建设、社区受益等方面对坦桑尼亚的旅游减贫效应进行了评价，并肯定了旅游减贫的积极作用，但同时也发现旅游发展会对当地的环境、文化、居民行为、个人或家庭资源使用、土地权利等方面造成了一些直接或者间接的消极影响。Torres R. 等（2004）则将旅游发展中当地贫困家庭的中小企业数量、就业数量、家庭生产总值、慈善捐助量、知识与技能掌握状况、基础设施拥有数量、环境影响、价值观嬗变、自然文化资源的拥有量9个指标纳入区域的旅游减贫效应评价体系。Spenceley 等（2007）针对就业状况、性别歧视情况、企业的社会责任、市场的进入性程度等方面，对南非生态保护区内的参与企业与毗邻社区进行了旅游发展对社会经济影响的看法调查，发现旅游私营企业在一定程度上剥夺了旅游发展为社区居民带来的红利。Scheyvens 等（2012）发现在斐济地区的旅游发展中，大型旅游企业和小型旅游企业都对当地的就业情况与地区发展拥有正向的积极效应。Safoora B. 等（2014）基于印度 Kerala 地区在 2001 年到 2010 年的国内游客数量、国际游客数量、旅游外汇收入、旅游总体收入的变化状况，认为旅游的发展对 Kerala 地区乃至印度都存在经济增长和推进发展的积极效应。Medina Muñoz（2015）从地理范围、分析层次、旅游环境、学习方法、贫困程度五个方面构建了一个旅游减贫效应评价的实证研究框架。国内学者在相关领域的研究中，评价指标体系的构建大多侧重于经济角度、环境角度、社会角度、文化角度和环境角度。如肖佑兴（2003）在对当时的旅游减贫效应评价方法进行梳理的基础上，提出了一种同时从经济、社会、环境三个方面来共同评价旅游减贫效应的半定量化的研究方法。黄梅芳（2014）构建了一种多层次、多目标的民族地区旅游减贫效应评价体系，其中包含以经济、就业和收入为主要指标的旅游减贫短期效应和以基础设施、社会保障、人力资本、生态建设为旅游减贫长期效应。向延平（2012）、何红（2014）各自从经济、社会、环境三个方面针对不同的地区构建了旅游减贫效应评价体系，并进行了实证研究。罗盛锋（2015）则针对滇桂黔石漠化连片特困地区构建了基于当地居民主观感知、客观存在以及减贫潜力三个方面的生态旅游减贫效应评价模型，继而做出了实证分析。

在基于微观层面的旅游减贫效应研究中，评价指标体系的构建主要依托于贫困人口和贫困家庭的发展状况上。PPT 在提出之初就指出应当使贫困人口与贫困家庭参与到区域旅游的发展之中，使贫困人口可以享受到区域旅游发展的红利，促进区域贫困群体的贫困状况减缓。但往往在具体的旅游发展实践之中，贫困人口由于在资本、信息、素质、权力等方面存在诸多的欠缺与劣势（刘丽梅，2012），旅游发展带来的增富效应与减贫效应并不均衡（Blake A.，2008），因此从微观层面的贫困人口和贫困家庭出发来评价旅游的减贫效应应该会更具有现实性与科学性。Hanna J. L. 等（2010）以坦桑尼亚的 Mto wa Mbu 为例，针对旅游发展中不同参与主体对交通改善状况、商品价格变动、就业数量质量、生活品质等七个方面的主观感知评价了当地旅游发展的减贫效应。Akyeampong（2011）调查了非洲 Kalum 国家公园区内的 182 名居民对于区域内旅游发展的期望、经历与看法认知，认为为社区居民赋予参与权与决策权是区域内旅游发展能促进贫困减缓的必要条件。Truong 等（2014）应用人类学中的参与式观察和非结构化访谈的研究方法，对越南 Sapa 地区的居民和主要参与群体进行了调查研究，研究显示当地旅游发展的获益群体大多不属于非贫困人口和非贫困家庭，而属于非贫困阶层与旅游相关产业经营者，这是导致当地社区矛盾冲突频发的主要原因与直接原因。Anderson（2015）基于坦桑尼亚的 Kilimanjar 地区随机选取的 85 户农民对当地文化旅游发展感知的数据，认为发展文化旅游对区域内贫困人口的生计状况、家庭收入、知识技能、基础设施与教育卫生资源的改善具有积极效应。另外，Chok S.（2007）认为社区参与式旅游是 PPT 的重要构成部分，社区的发展程度在很大程度上可以体现出旅游减贫的效应。Zapata 等（2011）基于生命周期理论和影响评估的方法研究了尼加拉瓜的旅游网络，研究指出自下而上的旅游发展模式在促进社区的经济增长、延长贫困社区的生命周期上较之于传统的自上而下发展方式拥有更好的效果。Snyman（2012）以南非的 Botswan 为研究地点，评价了区域生态旅游发展对社区居民在家庭收入、社会福利、就业机会等方面的影响效应，认为旅游减贫政策的实施为当地贫困社区融入市场经济提供了重要助力。国内学者基于贫困人口或家庭的旅游减贫效应评价主要依托于研究样本的主观感知，相关成果比较丰富。张伟等（2005）聚集于贫困人口的发展，从旅游影响的客观实际效应、主观感知效应和效应的可持续性三个维度对旅游减贫的效应进行了测算与评价。李佳等（2009；2016）先后研究了经济发展较为落后的青海省三江源地区和四川藏区，基于贫困人口对于旅游减贫的积极与消极效应的感知，社区居民参与旅游发展的积极性和对区域旅游发展的总体态度三方面来评估区域旅游的减贫效应。陈友莲（2011）以民族关系作为研究切入点，利用德夯苗寨居民对旅游减贫效应的主观感知分析了当地旅游减贫的正负效应。肖建红等（2014）认为在微观经济层面，旅游减贫应当注重的是社区和贫困人口及家庭的参与，并相应地提出了三种基于 PPT 战略旅游减贫的模式。蒋莉等（2015）应用因子分析和数理统计的方法分析了国家森林公园——九龙江地区的居民对旅游减缓贫困的效应感知和发展态度。郭舒（2015）注意到了之前众多关于旅游减贫效应评价领域的研究缺乏对贫困人口与家庭的关注，并设计出一种基于围观指标的"产业链跟踪法"来研究贫困人口在旅游发展中的减贫效应。吴国琴（2016）运用层次分析法，构建出一套涵盖人文生态环境、自然生态环境的生态效应评价体系对豫南大别山区的四个贫困乡村进行了旅游减贫的生态效应实证研究。

从现有研究成果可以看出：对于指标体系的构建，无论是宏观还是微观，贫困的多维性以及区域、环境、历史文化背景的差异及研究者自身的知识和经验及当前技术、方法与手段的限制等原因，使得当前关于旅游减贫效应评价的指标体系的构建研究参差不齐；从旅游减贫的实证角度来看，宏观层面的研究虽然更具有普适性，但其数据无法聚焦于贫困人口，容易使旅游减贫的效应评价失真，相较而言，基于微观层面的减贫效果评价才是真正意义上的"旅游精准减贫"效应。因此，有必要基于多维贫困理论从微观层面构建出乡村旅游的减贫效应评价体系。

3.1.4旅游减贫效应评价的方法

旅游减贫效应评价方法方面，旅游乘数效应是国外学者研究旅游减贫效应评价常用的研究方法，如 Mayer M.（2010）运用乘数效应法，测度了旅游消费对区域经济结构、规模的影响。近年来，地理学、管理学等相关学科的研究方法被逐渐引入旅游减贫效应的研究中，如 Mitchell J.（2007）借助价值链分析了冈比亚包价旅游对减贫的作用；Blake A. 等（2008）和 Wattanakuljarus A. 等（2008）运用可计算的一般均衡理论（CGE）从宏观的尺度研究了旅游业对贫困减少的经济作用；Deller S.（2010）利用地理加权回归模型研究了旅游对美国农村贫困率方面的作用。国内学者则主要采用数理统计的方法来研究旅游减贫效应评价。如叶俊（2014）运用数理统计的方法，对大别山试验区旅游减贫效应进行评价。随着对旅游减贫效应研究的逐渐深入，诸如层次分析法（AHP）、数据包络分析（DEA）以及模糊分析法等开始进入这一研究范畴。如向延平（2011）运用模糊分析方法，研究了民族地区旅游减贫对民族关系的影响；陈小丽（2015）运用层次分析法，对湖北减贫效应进行评价；李光明等（2016）采用数据包络分析（DEA）测算了2009—2014年新疆阿勒泰地区的旅游减贫效率等。当前对于乡村旅游精准减贫效应评价的研究成果，如果在严格的实证角度来看，大多结论只能说明发展旅游与当地贫困人口收入变动的相关性，并没有形成具体的减贫效应因果判断，因为在发展旅游的同时发生了其他的一些经济变化（比如当地经济的自然增长、政府的其他减贫政策），也可能会引起当地贫困人口收入的提升，从而导致发展旅游与贫困减缓指标之间的伪相关。此外，这种简单的比较也不能控制变量间的诸多差异，进而影响对旅游精准减贫效应的准确判断。双重差分模型可以控制不可观测的个体异质性对因变量的影响，能够避免政策作为解释变量所存在的内生性问题；在效果评价方面，该模型通过将“前后差异”和“有无差异”有效结合，一定程度上控制了某些除干预因素以外其他因素的影响；同时在模型中加入其他可能影响结局变量的协变量，又进一步控制了干预组和对照组中存在的某些“疑似”影响因素，来补充“自然试验”在样本分配上不能完全随机这一缺陷，因而可以得到对干预效果即民族地区乡村旅游减贫效应的真实评估。

综上所述，在该领域未来的研究中，以下方面值得深入探讨。（1）构建多维评价系统，综合衡量乡村旅游精准减贫的短期效应和持久效应。大量的研究表明，旅游发展不仅会对贫困地区的居民收入水平产生一定的影响，同时对当地居民的思想观念及能力发展存在一定的促进作用。贫困问题的本质是一种多维度的复合概念集，旅游减贫效应的研究不能仅仅局限于旅游发展对于区域经济维度的提升，还需要综合考量到旅游发展带来的居民意识变迁、基础设施完善、教育与卫生健康的保障等其他方面，这些变化往往是基于时间尺度的一种渐变型的连续变化，而仅仅以短期内贫困居民收入水平的变化来测算的旅游减贫效应未免会产生以偏概全的结论，因此对于旅游减贫效应的评价应该注重评价体系的持续性与系统性，全面地反映出旅游对区域内贫困减缓的综合效应。（2）将研究对象聚焦于乡村，把微观层面的贫困家庭作为乡村旅游减贫效应评价的研究单元，并根据该研究单元来构建乡村旅游减贫效应的评价指标体系，填补相关研究领域的空白。国内外许多学者的研究表明，乡村旅游在发展中难免会出现精英俘获现象，如果将研究单元定位于区域内的所有人口，则可能会产生遮蔽效应，使得乡村旅游减贫效应的评价结果过于乐观。因此，基于多维贫困理论对区域家庭的贫困状况进行识别，进而剔除区域内的非贫困家庭，是乡村旅游减贫效应评价结果科学客观的必要保证。（3）基于双重差分模型估计效应的方法。针对乡村旅游的减贫效应设计评价模型，保障区域乡村旅游发展与当地贫困人口贫困减缓状况的因果性。根据扎尕那当地的现实情况设计合适的条件来定义是否参与乡村旅游以及乡村旅游减缓区域内贫困家庭贫困状况这一过程的起始点与终点，另外引入其他可能引起乡村旅游减贫效应变化的因素作为控制变量，保证本研究中乡村旅游减贫效应评价结果是区域乡村旅游减贫效果的真实评估。（4）寻求多样化的乡村旅游减贫开发模式。由于旅游产业的主体一般是私营为主导的经济主体，资本的本质决定了旅游影响的非全面性，这使得旅游减贫在具体的实践过程中一方面会导致当地社区居民的阶层分化，不同阶层民众的话语权势必不同，进而使得旅游减贫最终变成旅游扶富，导致富者越富而穷者越穷；另一方面也会存在区域的基础设施建设不均衡，私营经济主体可能会为自身在多个方面进行投资提升，并不会自发地为社区的所有群体提供基础设施的建设。因此还需要结合本研究具体的研究结果与相关领域的成功经验来对区域内的旅游减贫工作进行模式探索，寻求一种既能保证贫困群体的利益获取，又能使得社区居民在多维贫困视角下均衡发展，以增强乡村旅游脱贫攻坚工作的精准性和有效性。以上四点，正是本研究需要予以解决的关键问题。

3.2 研究设计

3.2.1 研究目的

本研究旨在通过构建多维贫困视角下乡村旅游的减贫效应评价指标体系，应用双重差分模型估计的方法对扎尕那村的乡村旅游的减贫效应进行计算，得到乡村旅游在各个维度的减贫效应，最终根据研究结果进行分析与总结，为当地脱贫攻坚工作提出优化建议，为类似民族地区的乡村脱贫攻坚工作提供理论支撑和政策建议。

3.2.2 研究内容

首先，依据多维贫困理论，通过联合国千年发展目标、人类发展指数以及多维贫困指数的相关技术要求与国家减贫办农村贫困调查指标以及《中国农村减贫开发纲要（2011—2020）》中提出的主要任务指标，并根据扎尕那村的实际情况与数据的可得性，遵循全面、有效、具体、可操作的原则，来确定乡村旅游减贫效应评价的维度与指标，并通过专家评估法确定各个指标的权重，构建民族地区乡村旅游减贫效应评价指标体系。其次，通过对扎尕那村进行田野调查获取到研究所需的数据，运用双重差分模型估计的方法对所获数据进行计算，得出乡村旅游对于各个维度贫困减缓的效应。其中，一是要确定双重差分模型中两期观测时间、试验组与控制组，二是为保证乡村旅游与贫困减缓的必然因果联系，需要根据扎尕那村的实际情况设计控制变量，确保乡村旅游减贫效应评价的科学性。最后，根据双重差分模型估计的结果进行讨论进而得到结论，以期为区域民族地区乡村旅游减贫提供借鉴，为民族地区乡村旅游的减贫理论做出贡献。

3.2.3 多维贫困视角下扎尕那乡村旅游减贫效应评价模型构建

3.2.3.1 观测时间的确定

因为本研究旨在通过对扎尕那乡村旅游减贫效应的测算来论证“旅游扶贫”乃至“乡村旅游精准扶贫”这一政策的可行性，并就研究结果提出民族地区乡村旅游扶贫的优化建议。旅游扶贫这一政策已在全国 560 个建档立卡的旅游扶贫试点村开始实施，其中必然有政府的介入，因此扎尕那乡村旅游发展的前两阶段不适合选作研究时域，虽然扎尕那乡村旅游多样化发展阶段更具有现实意义，但因为其时域跨度太短，研究成果可能会缺失一定的科学性与系统性。因此，本研究选择“乡村旅游发展政府介入阶段”这一时间段来作为扎尕那乡村旅游减贫效应的评价时域。

双重差分法除有试验组及对照组区分之外，还涉及乡村旅游减贫实施前后的两期观测值。虽然“旅游精准减贫”的提出时间为 2014 年，但扎尕那已于 2009 年被《中国国家地理》列为“中国十大非著名山峰”的第四位，此后慢慢开始发展旅游，距今已有 11 年的历史，属于乡村旅游的先行者。直至 2012 年，地方政府一方面为了保证当地旅游业的健康发展、确保乡村旅游市场的规范运营及保护藏族文化的原真性传承，另一方面为了响应农村宅基地政策，对于当地居民参与乡村旅游发展推出了一系列的限定政策，其中最为核心政策的就是限制当地居民自主修建农（藏）家乐。农（藏）家乐作为扎尕那地区居民参与乡村旅游最重要的方式与平台，导致未在 2012 年之前修建好农（藏）家乐的贫困人口直至现在也很难享受到发展乡村旅游带来的红利，至今仍然主要靠农牧业为生。因此，本研究选取 2012 年与 2017 年这一跨度为 5 年的起始年份与结束年份作为两期观测年，选取是否经营农家乐（藏家乐）来界定是否参与到了乡村旅游中来，通过问卷、访谈的方式获取调查数据。

3.2.3.2 调查样本的选取

为了了解民族地区乡村贫困的真实情况及乡村旅游减贫的实际效果，

根据扎尕那乡村旅游减贫效应评价指标体系，为了防止贫困人口的规模被放大，并使度量贫困的指标及标准简化，本研究将以家庭为基本识别单元，在结合研究目的及前人有关多维贫困识别研究的基础上，整理设计出一套针对扎尕那乡村旅游减贫效应评价的调查问卷与访谈提纲，以期获取能够反映扎尕那村乡村旅游减贫效应的第一手资料。

3.2.3.3 模型的设计

本研究采用双重差分模型估计的效应评价方法，以未参与乡村旅游的贫困家庭为对照组、参与乡村旅游的贫困家庭为实验组，分析参与乡村旅游前后贫困家庭多维贫困视角下的减贫情况。是否参与乡村旅游用虚拟变量 D 来定义：D=1 为试验组，表示参与乡村旅游的贫困家庭；D=0 为对照组，表示未参与乡村旅游的贫困家庭。分析乡村旅游开展所带来的实际效应，至少需要两期观测值，第一期为乡村旅游开展前，观测值 t=0；第二期为乡村旅游开展后，观测值 t=1。因此，参与乡村旅游的贫困家庭与未参与乡村旅游的贫困家庭在乡村旅游开展前后各指标差异的差值即为参与乡村旅游为贫困家庭所带来的实际效应，表示为：

$$DID=[E(Y|D=1, t=1)-E(Y|D=1, t=0)]-[E(Y|D=0, t=1)-E(Y|D=0, t=0)]$$ 式3-1

书中将参与乡村旅游的贫困家庭设置为试验组，将未参与乡村旅游的贫困家庭设置为对照组，建立双重差分模型：

$$Y_{it}=\beta_0+\beta_1 D_{it}+\beta_2 T_{it}+\beta_3 D_{it}T_{it}+\varepsilon_{it}$$ 式3-2

式中：Y_{it}为被调查贫困家庭i在t时期观测值；D_{it}为组别虚拟变量，D_{it}=1表示参与乡村旅游的贫困家庭所在的试验组，D_{it}=0表示未参与乡村旅游的贫困家庭所在的对照组；T_{it}是时间虚拟变量，取T_{it}=0表示贫困家庭参与乡村旅游前，T_{it}=1表示贫困家庭参与乡村旅游后即调查当前；D_{it}表示交互作用；ε_{it}为随机扰动项。

进行维度和指标选取时，主要遵循以人为本的宗旨，力求与人类发展指数保持一致，在使各指标之间相关性最小的基础上，体现系统性、科学性与实用性的原则。旅游扶贫对象的识别维度和指标的选取主要依据以下四个方面：一是根据人类贫困指数（*HPI*）、人类发展指数（*HDI*）以及 *MPI* 多维贫困指数提出的各指标的相关技术规定；二是依据国家扶贫办针对农村贫困调查所使用的贫困识别指标；三是结合《中国农村扶贫开发纲要（2011—2020）》中提出的有关农村扶贫开发的主要任务指标；四是结合国内学者如汪三贵、王小林等对我国农村贫困状况的已有研究。基于以上四个方面，依据民族地区乡村的具体情况并兼具数据的可得性，尝试对以往扶贫对象识别维度、指标进行补充，以确保维度、指标的全面、具体。鉴于儿童入学、交通条件在扎尕那村的贫困发生率为零，因此，在对贫困人口进行多维贫困识别时不考虑这些指标。最终选取了经济状况、教育水平、健康状况、生活水平、资产状况 5 个维度，人均收入水平、人均消费水平、受教育程度、健康水平、饮用水、耕地数量、牛 / 马数量、住房机构以及耐用消费品 9 个指标来研究扎尕那乡村旅游减贫效应的问题。

3.2.3.4 控制变量的选取

因为本研究的对象选取为一个微观的村镇级区域，该村镇级区域的村民在客观方面的大部分资源禀赋通过多维贫困理论纳入了扎尕那乡村旅游减贫效应的评价指标体系里；在主观的世界观、价值观、人生观方面都同属于文化接近的“藏族文化圈”，因此我们认为该村村民在三观的认知上基本相同。另外，在政治参与的机会方面，本研究对非贫困家庭的剔除在某种程度上恰好也是一种对高政治参与机会家庭的剔除，纳入研究样本的村民家庭在政治参与机会方面几乎是均等的。最后，能影响这一“准自然实验”的就是该村村民的家庭在地理空间上的分布，扎尕那村的聚居群落在地理空间中自东向西分为东哇、业日、达日、代巴 4 个小村，且扎尕那景区分布在扎尕那村以东，同时扎尕那景区距离迭部县最近，因此我们有理由根据空间贫困理论将扎尕那乡村旅游减贫效应评价模型的控制变量聚焦于研究样本家庭的空间区位。由于政府出资硬化的道路仅有由迭部经东哇村、业日村、达日村最终到代巴村的主干道，所以除却分布在主干道的家庭，其他家庭势必在道路可达性上较差，这一差异势必也会影响到双重差分模型估计效应的结果。故借鉴已有文献及数据的可得性要求，拟定将扎尕那村贫困家庭所处的空间区位以及交通条件作为 2 个控制变量来修正对扎尕那乡村旅游减贫效应评价结果的影响。

3.2.4 扎尕那乡村旅游减贫效应评价的实证分析

3.2.4.1 数据来源

本研究采取普查的调研方式，共分两次进行。第一次为 2017 年 6 月 1 日至 5 日，主要采取逐户调查的方式，共发放问卷 173 份，其中有效问卷 163 份，有效回收率为 94.2%，旨在通过对当地居民 2012 年家庭状况的调研筛选出 2012 年扎尕那村的贫困家庭，从而得到 2012 年 136 户贫困家庭的基本数据；2017 年 9 月 30 日至 10 月 3 日，采用贫困家庭深度访谈的方式，共获取访谈实录 121 份，后续提炼得到 121 户[1]人家 2012 年与 2017 年的基本数据。两次调研排除一些外出放牧或常年不在家而无法进行问卷发放与访谈的家庭，基本覆盖了全村人口，调研所获数据可以反映区域乡村旅游精准扶贫的情况。

因为本研究基于亲贫困增长理论，为了剔除扎尕那地区非贫困家庭对于乡村旅游减贫效应测算结果的放大，故需要剔除非贫困家庭，剔除标准主要根据联合国千年发展目标、人类发展指数以及多维贫困指数的相关技术要求与国家减贫办农村贫困调查指标以及《中国农村减贫开发纲要（2011—2020）》中提出的主要任务指标，并根据扎尕那村的实际情况与数据的可得性，遵循全面、有效、具体、可操作的原则拟定。基于多维贫困理论剔除的非贫困家庭方法如下：若该家庭在某一维度（指标）上赋值为

1　此 121 户家庭包含在 2012 年 的 136 户贫困家庭中。

0，则判定该家庭为多维贫困指标下的非贫困家庭，该家庭的情况则不作为本研究的数据来源。具体维度、指标、贫困标准及临界值可参考表 2-5。

另外，对于控制变量的指标——村民家庭所在地的交通条件与空间分布区位采用打分制，其中最优为 1，最劣为 0。由于上述两个控制变量主要是为了解决硬化道路与区位的分布不均衡对乡村旅游减贫效应的影响，因此，打分主要靠调研人员根据具体的区位及路况并参考调研对象的意见来打分。打分的原则在交通条件上表现为越临近主干道则得分越高，没有道路通往的村民家则得分越低；区位条件上表现为越靠近扎尕那景区则分值越高，越远离扎尕那景区则分值越低。

3.2.4.2 样本描述

如表 3-1 所示，被调查者人口学特征主要表现在如下几个方面。（1）以男性为主，占样本总体的 81.8%，主要是因为在藏族地区汉语的普及率较低，由于外出、参与当地旅游发展的需要，男性在汉语水平上普遍高于女性，因此对于女性的问卷调研由于语言的不可沟通性而产生了较大的难度。（2）被调研群体中以中青年为主体，参与调查的居民中 15~64 岁的人所占比重最大，占样本总体的 77.7%。（3）被调查者的受教育程度总体水平偏低，小学及以下学历占样本总体的 73.6%，而拥有本科及以上学历仅占样本总体的 2.5%。（4）随着旅游开发的持续升温，参与旅游的居民占被调查者总人数的一半以上，而从事农家乐经营也成为该村继农牧业之后的第二大职业，占样本总体的 24.0%。（5）参与调查的居民一大半为家庭户主。

表 3-1　被调查者人口学特征

类型		频数	百分比（%）
性别	男	99	81.8
	女	22	18.2

类型		频数	百分比（%）
年龄	14岁及以下	11	9.1
	15~64岁	94	77.7
	65岁以上	16	13.2
受教育程度	未上学	45	37.2
	小学	44	36.4
	初中	12	9.9
	高中/中专	17	14.0
	本科及以上	3	2.5
职业	学生	15	12.4
	企/事业人员	6	4.9
职业	农/牧民	64	52.9
	农家乐经营者	29	24.0
	个体户/自由职业者	7	5.8
是否户主	是	91	75.2
	不是	30	24.8
是否参与旅游	是	75	62.0
	否	46	38.0

3.2.4.3 指标赋权方法

指标权重的选取有两种形式，即权重等值和权重不等值。权重等值是基于各指标维度之间有着同等的重要性，权重不等值则是根据各指标维度的重要性进行不同权重的赋值，是基于特殊的研究目的（殷浩栋，2017）。从*MPI*人类贫困指数的设计思路，以及包括汪三贵、陈辉、张永丽等在内的众多专家学者在进行多维贫困研究中所选取的权重方法来看，较多采用等权重赋值的方法进行处理，也有部分采用专家导向下的权重赋值方法。本研究根据扎尕那村的实际状况，且经济状况、教育水平、健康状况、生活水平以及资产状况 5 类维度之间不具有可替代性，在重要性方面彼此相当，对多维贫困中的 5 个维度进行了等值权重赋值的方法，即每个维度的赋值都为 1；而在 5 个维度下细分指标的权重赋值上，经扎尕那当地政府工作人员、村民以及学界两位专家的意见，对本研究采用了不等值权重赋值方法，由于教育水平、健康状况以及生活水平 3 个维度下只有 1 个指标，故对这 3 个维度下的指标直接赋值为 1，对于经济维度和资产维度下的 6 个指标采取专家导向的权重赋值方法，共发放 6 份问卷，调研对象为扎尕那村政府工作人员、村民、学界相关领域学者各两位，对于各指标的最终权重赋值选择求平均值的方法，具体公式如下：

$$\bar{x} = \frac{\sum_{i=1}^{6} x_i}{6} \qquad \text{式3-3}$$

得出经济状况维度下的指标人均收入水平权重赋值为 0.57，人均消费水平权重赋值为 0.43，资产状况维度下的指标耕地数量权重赋值为 0.28，牛 / 马数量权重赋值为 0.25，住房结构权重赋值为 0.36，耐用消费品为 0.11。

3.2.4.4 扎尕那乡村旅游减贫效应数据的量化

由于单个贫困维度测量指标量纲不一致，导致收集到各指标的数据差别很大，所以运用“归一法”对具体指标进行无量纲处理，使标准化后数值介于 0 与 1 之间，具体公式如下所示：

$$x_i^* = \frac{x_i - x_{\min}}{x_{\max} - x_{\min}} \qquad \text{式3-4}$$

多维贫困指标及其测量及各变量的定义及描述如表 3–2、表 3–3 所示。

表 3–2　多维贫困指标及其测量

维度	测量指标	指标值	权重	计算公式	测量值
经济状况	人均收入水平	A1	0.57	A=0.57A1+0.43A2	A
	人均消费水平	A2	0.43		

维度	测量指标	指标值	权重	计算公式	测量值
教育水平	受教育程度	B1	1	B=B1	B
健康状况	健康水平	C1	1	C=C1	C
生活水平	饮用水	D1	1	D=D1	D
资产状况	耕地数量	E1	0.28	E=0.28E1+0.25E2+0.36E3+0.11E4	E
	牛/马数量	E2	0.25		
	住房结构	E3	0.36		
	耐用消费品	E4	0.11		
多维度贫困	F=A+B+C+D+E				F

表 3-3　变量定义及描述

	变量名称	变量取值与描述	均值	方差	最大值	最小值
因变量	经济（A）	数值变量，介于0至1之间	0.452	0.121	0.910	0.160
	教育（B）	数值变量，介于0至1之间	0.750	0.305	1.000	0.000
	健康（C）	数值变量，介于0至1之间	0.560	0.256	1.000	0.000
	生活（D）	数值变量，介于0至1之间	0.880	0.310	1.000	0.000
	资产（E）	数值变量，介于0至1之间	0.368	0.195	0.950	0.030
	多维贫困（F）	F=A+B+C+D+E	2.854	0.507	4.560	0.540
解释变量	时期（T_{it}）	2012年=0；2017年=1	0.500	0.250	1.000	0.000
	是否参与乡村旅游（D_{it}）	未参与=0；参与=1	0.678	0.250	1.000	0.000
	交互项控制变量（$D_{it}T_{it}$）		0.339	0.224	1.000	0.000
	所在地交通条件（G）	最劣=0；最优=1	0.460	2.188	1.000	0.000
	所在地空间区位（H）	最劣=0；最优=1	0.420	2.562	1.000	0.000

3.2.4.5 效应水平测算与扎尕那乡村旅游减贫效应的评价结果

运用 SPSS20.0 软件对双重差分模型式 3–5 进行计量统计，具体结果如表 3–4 所示，表中 6 个模型分别计算出了以各个维度作为被解释变量进行双重差分估计的结果。

$$Y_{it} = \beta_0 + \beta_1 D_{it} + \beta_2 T_{it} + \beta_3 D_{it} T_{it} + \beta_4 G + \beta_5 H + \varepsilon_{it} \qquad \text{式3-5}$$

表 3–4　双重差分模型估计结果

变量	系数	模型1	模型2	模型3	模型4	模型5	模型6
		经济状况	教育水平	健康状况	生活水平	资产状况	多维贫困
常量	β_0	0.044	0.571	0.404	0.483	0.084	1.539
		（12.658***）	（15.276***）	（19.573***）	（21.547***）	（9.381***）	（6.148***）
D_{it}	β_1	0.156	–0.027	0.031	0.036	0.167	0.374
		（3.729**）	（–0.821）	（1.357）	（1.664）	（12.591***）	（7.746***）
T_{it}	β_2	0.028	0.261	0.357	0.289	0.035	1.041
		（2.354**）	（2.849**）	（2.667**）	（8.682***）	（1.878**）	（5.686***）
$D_{it}T_{it}$	β_3	0.301	0.301	0.037	0.061	0.304	0.751
		（17.653***）	（1.112）	（1.356）	（0.854）	（15.593***）	（8.467***）
G	β_4	0.151	0.071	0.102	0.084	0.131	0.501
		（4.641***）	（1.334）	（0.846）	（1.221）	（11.688***）	（8.691***）
H	β_5	0.235	0.035	0.059	0.064	0.308	0.578
		（2.986***）	（1.832）	（2.003）	（1.256）	（8.692***）	（6.325***）
R^2		0.533	0.059	0.483	0.735	1.038	0.968
F值		18.579	8.343	12.425	16.484	35.660	65.956
Sig.		0.000	0.000	0.000	0.000	0.000	0.000

注：***、**、*分别表示显著性水平为1%、5%、10%。

3.2.4.6 扎尕那乡村旅游减贫效应评价结果分析

（1）贫困家庭参与乡村旅游会显著减缓贫困家庭经济维度的贫困。模型 1 估计结果显示 F=18.579、Sig.=0.000，说明该模型拥有较好的拟合效果。交互项 $D_{it}T_{it}$ 的系数 β_3=0.301 远远大于 β_2，且 t=17.653 通过 1% 显著性水平检验，说明参与乡村旅游的贫困家庭在经济维度上贫困的减缓程度要大于未参与乡村旅游的贫困家庭经济维度贫困的减缓，净值为 0.301，即乡村旅游可以促进贫困家庭在经济维度上的减贫。主要原因有：一方面是乡村旅游的发展使得当地参与乡村旅游的贫困家庭在经济收入上获得了较明显的提升，这也从某些程度上说明了旅游产业的盈利效应高于民族地区类似于农业、牧业此类的产业；另一方面随着旅游的发展，游客对商品的需求极大地丰富了扎尕那村的商品类型，且旅游产业的发展对区域内的一大影响就是提高当地的物价水平，在这双重影响之下，当地村民在日常的商品消费中也相应地增加了经济支出。经济收入的增加以及消费成本的提升使得研究样本中的贫困家庭在经济维度上显现出乡村旅游较强的贫困减缓效应。对于控制变量 G、H（贫困家庭所在地的交通条件、空间区位）的系数 β_4=0.151、β_5=0.235 且 t 值均通过 1% 显著性水平检验，说明样本家庭所在地的交通条件与空间区位也是影响经济维度的两个原因，交通条件与空间区位越好，对于样本家庭在经济维度上的贫困减缓越具有促进作用。经过与当地政府工作人员与村民的深度访谈，发现扎尕那村分为四个小村在某些程度上来说是由于部族差异导致的，因此就近的东哇村和业日村在乡村旅游发展中获益的部分会以集体财产的形式反馈给区域内的村民，也使得样本家庭在交通条件和空间区位这两个控制变量上显现出来了较强的减贫效应。

（2）参与乡村旅游对贫困家庭教育水平、健康状况、生活水平维度的贫困影响不显著。模型 2、模型 3 和模型 4 的估计结果显示，交互项 $D_{it}T_{it}$ 的系数 β_3 均未通过显著性检验，且三个模型 β_2 的均大于 β_3，说明乡村旅游并不会对参与其中的贫困家庭在教育水平、健康状况、生活水平三个维度产生显著的正向影响，甚至 β_1 在模型 2 中为负数。究其原因，教育水平、健康状况与生活水平三个维度选取的指标（受教育程度、健康水平与饮用水源的安全与否）都是中国政府基础民生政策工程所覆盖的，故无论是否参与乡村旅游，此三个维度都可以随着时间推移呈现正效应，这说明对于这三个维度的影响效应并非是乡村旅游的发展所带来的，乡村旅游的发展与样本家庭这三个维度的贫困减缓是不存在因果关系的；甚至小部分参与了乡村旅游的贫困家庭可能会因为其良好的经济效应而导致家庭子女过早地参与到乡村旅游的服务业中去，从而导致教育水平维度受到负向影响，但总体来说，乡村旅游并不会对教育水平维度的贫困产生负效应（模型 2 中的 $\beta_3 > 0$）。对于控制变量 G、H（农户参与乡村旅游所在地的交通条件、空间区位）也均未通过显著性检验，说明交通条件与空间区位对于样本家庭在上述三个维度的贫困减贫上不存在显著的正向效应，因为此类民生问题同样是由乡村政府整体布局所解决的，无论样本家庭的空间区位与交通条件差异多大，扎尕那村政府在解决此类问题而言都是一视同仁的。

（3）参与乡村旅游对贫困家庭资产维度的贫困减缓存在显著的正向效应。模型 5 中的数据显示 F=35.660、Sig.=0.000，说明该模型具有较好的拟合效果。其中 β_3 为正且远大于 β_2，t=15.593 通过 1% 显著性水平检验，说明参与乡村旅游的样本家庭较之于未参与乡村旅游的样本家庭在资产维度的贫困减缓上存在明显的正向效应，净值为 0.304。主要原因是当地乡村旅游的参与主要是以民宿、农家乐、为游客牵马和拉牦牛提供照相服务的形式实现的，民宿与农家乐的发展使得贫困家庭的住房结构与耐用品消费的提升呈现指数型，虽然在退耕还林的大政策下，贫困家庭的耕地面积与牛马数量势必都会下降，但由于民族地区退耕还林的补偿机制与乡村旅游涉及牛马的服务，使得贫困家庭家中的牛马数量在一定程度上保持稳定，只有耕地数量确实存在下降的情况，但耕地数量在资产状况维度中只占有 0.28 的比重。因此从整体上来说，参与乡村旅游会使得贫困家庭资产状况维度的贫困减缓。对于其中的控制变量 G、H（农户参与乡村旅游所在地的交通条件、空间区位）的系数 β_4 和 β_5，t 值均通过 1% 的显著性水平检验，说明样本家庭所在地的交通条件与空间区位也是影响资产状况维度贫困的两个原因，交通条件与空间区位越好，当地贫困家庭资产状况维度上的贫困减缓就越显著，这同样也是由于每个小村的集体发展影响的。

（4）参与乡村旅游会对贫困家庭多维度贫困具有显著的正效应。模型 6 中的数据显示 F=65.956，Sig.=0.000，说明该模型具有良好的拟合效果。其中 β_3=0.751，t 值为 8.467，通过 1% 显著性水平检验，说明参与乡村旅游的贫困家庭在多维贫困视角下比未参与乡村旅游的贫困家庭存在更好的减贫效应，净值为 0.751。这主要来源于参与乡村旅游对于贫困家庭在经济状况维度与资产状况维度上的减贫效应。另外，对于其中的控制变量 G、H（农户参与乡村旅游所在地的交通条件、空间区位）的系数 β_4 和 β_5，t 值均通过 1% 的显著性水平检验，且无论在模型 1、模型 5 和模型 6 中都满足上述情况，说明样本家庭所在地的交通条件与空间区位对于家庭贫困减缓的影响存在较为显著的正向效应，主要原因是扎尕那景区距离东哇村最近，业日村、达日村次之，代巴村最远，使得当地发展乡村旅游带来的绝大部分收益被就近的村落所吸纳，且扎尕那的游客多为自驾游游客，就近村在发展乡村旅游中获益最多。以东哇村为例，村集体用获益去改善交通条件，良好的交通环境又使得东哇村拥有更好的收益，如此良性循环，使得交通条件与空间区位对于样本家庭在多维度贫困上存在显著的减贫效应。

3.3 研究结论

3.3.1 结论

（1）在多维度贫困视角下，扎尕那村参与乡村旅游的贫困家庭贫困减缓程度明显大于未参与乡村旅游的贫困家庭贫困减缓程度，说明民族地区乡村旅游在精准扶贫过程中拥有较为良好的实现性，这正是乡村旅游减贫效应实现的主要体现。所以，民族地区在脱贫攻坚的工作中，可以采取发展乡村旅游的方式来实现当地贫困居民的脱贫致富。

（2）对于经济状况、教育水平、健康状况、生活水平、资产状况五个维度的乡村旅游精准减贫效应测算，得出扎尕那地区乡村旅游的发展可以使得贫困家庭在经济状况与资产状况维度中显著脱贫，但并不能使当地贫困家庭在教育水平、健康状况、生活水平三个维度的贫困中完成脱贫。因此，民族地区在通过发展乡村旅游脱贫攻坚时，不但要重视乡村居民的经济收入与资产问题，而且需要对不同家庭的教育、健康及生活等其他问题高度重视，引入其他精准减贫配套模式与机制，从而提高民族地区精准减贫工作的有效度。

（3）同时，本研究还表明样本家庭所在地的交通条件与空间区位会显著影响贫困家庭的减贫效益，政府在规划乡村旅游时，核心旅游资源的布局所引起的空间正义问题亟待重视，合理的乡村旅游规划会促进乡村内部整体的减贫效应，保证民族地区乡村旅游精准减贫工作的公平正义。

3.3.2 讨论

旅游作为一种具有良好的就业带动与区域经济增长促进作用的产业，在目前我国脱贫攻坚战中大有可为，通过发展旅游来脱贫攻坚也成为许多贫困地区的积极选择。但就目前中国脱贫攻坚工作的空间分布来看，贫困地区多聚集于“老少边地区”，区域贫困程度更深，相应的攻坚难度更大。因此就“乡村旅游在老少边贫地区是否具有脱贫攻坚的可实现性”与“乡村旅游脱贫攻坚应当如何布局”等问题亟须当前学术界与业界进行理论与实践上的探索。在现有的相关研究领域内，应用定量的方法对民族地区乡村旅游的减贫效应进行评价的研究还较少，且缺乏对减贫效应中“贫困”这一概念的多维度解构。基于此，本研究通过对现有研究成果的梳理，基于多维贫困理论与双重差分模型估计效应的方法为民族地区乡村旅游减贫效应的评价构建了评价模型，通过对甘南藏族自治州迭部县扎尕那村乡村旅游减贫效应的测算，得出了当地样本家庭在参与乡村旅游后在各维度的贫困减缓效应，根据扎尕那村乡村旅游减贫效应的结果与现有的文献，讨论如下。

（1）当前对于乡村旅游精准减贫效应评价的研究成果，如果在严格的实证角度下来看，大多结论只能说明当地旅游发展与区域贫困群体收入变动的相关性，并不能形成严格的减贫效应因果判断，因为区域的发展中旅游发展并非是唯一的，势必会产生一些其他因素引起的变化（如随着社会的进步发展使得当地经济的自然增长抑或是政府的其他减贫政策），也可能会引起当地贫困人口收入的提升，从而导致旅游发展与贫困减缓两个概念之间的伪相关。除此之外，两个概念衍生出指标的简单比较也不能控制变量间的诸多差异，从而影响对旅游减贫效应的准确判断。双重差分模型可以控制不可观测的个体异质性对因变量的影响，能够避免政策作为解释变量所存在的内生性问题；在效应的评价方面，双重差分模型通过对“前后”与“有无”两项差异的结合，在一定程度上排除掉了其他的干预因素，并且引入控制变量来调节“实验组”和“对照组”中存在的其他影响效应评估结果的因素，最终得到“实验效果”的评估即民族地区乡村旅游减贫效应的真实评估。

（2）研究结论在整体上支持了“乡村旅游有利贫困减缓”这一观点，但在教育水平、健康状况、生活水平维度也存在“乡村旅游与贫困减缓无必然联系”的推论，甚至教育水平维度的$\beta_1 < 0$，说明一定程度上“乡村旅游会加剧贫困”。这与上述文献的分析结果是契合的，笔者认为旅游减贫的效应存在争论的根本原因有三：一是“贫困”这一概念的解构及测量是评价旅游减贫效应的前提，不同的解构及测量方法是造成众多研究结果迥异的根本原因；二是研究空间尺度的不同直接决定了方法选择的差异，进而导致数据来源的不同，这直接影响旅游的减贫效应评价；三是旅游发展环境及模式选择的差异，是形成旅游减贫效应争议的客观原因。因此，基于多维贫困理论来对小样本的研究对象进行聚焦于贫困人口的旅游精准减贫效应研究是科学严谨的，在相关领域的后续研究中仍需要进行更

为深入的贫困维度与指标挖掘，以期为民族地区的乡村旅游的发展做出实践指导与相关领域的学术贡献。

3.4对策与建议

3.4.1 聚焦帮扶贫困家庭，助力区域内的脱贫攻坚工作

根据本研究的结果我们可以发现，扎尕那村参与乡村旅游的样本家庭在多维度的贫困减缓效应上是十分显著的，这说明贫困家庭参与到乡村旅游中是区域脱贫攻坚的重要途径。首先，政府应划拨旅游扶贫专项资金支持当地村民在旅游相关基础知识方面的培训，提升扎尕那村村民参与乡村旅游从而脱贫的能力；其次，完善当地的信贷担保体系，从为村民提供小额信贷开始，解决当地贫困人口参与乡村旅游的资金障碍问题；最后，创造扎尕那村村民参与当地乡村旅游发展的机会。扎尕那乡村旅游的发展属于东道主先行、政府和企业后入的模式，前期部分村民参与到乡村旅游的发展之中，已经获得了较好的贫困减缓效应，但仍然有很大一部分家庭无法参与其中，尤其在政府介入之后，更是严格把控了乡村旅游的市场准入机制，而目前社会资本的进驻势必会加重这一现状，因此政府需要为贫困家庭设计一些参与当地乡村旅游的机会，保证前期未参与到乡村旅游中的家庭可以陆续加入到扎尕那乡村旅游的发展中去，享受该地乡村旅游的发展红利。贫困人口是精准扶贫的对象，只有其真正参与到乡村旅游的发展之中，才能在乡村旅游发展的过程中不断提升自身的综合能力，助力区域内的脱贫攻坚工作。因此，在扎尕那地区后续进行的乡村旅游发展项目的选择、规划以及实施等关键环节，要确保贫困人口的参与权利不被剥夺，使其真正地参与其中。

3.4.2 注重人才培养与技能培训，提升村民的参与能力，丰富村民的参与形式

从纵向看扎尕那乡村旅游发展的过程，当地村民参与其中的形式是非常单一的，从一开始单一的经营农家乐（藏家乐）形式到 2017 年也仅仅增加了去景区牵牛 / 马和去景区清理垃圾收取环保费这两种形式，村民参与乡村旅游的形式十分匮乏。因此需要政府为当地村民开展有关乡村旅游发展专业知识以及技能的培训，如为扎尕那部分村民通过教育提升汉语水平；鼓励当地农家乐（藏家乐）的家庭在有经济有余力的情况下雇用当地未参与乡村旅游中的人来参与农家乐（藏家乐）的运营；另外，作为旅游六要素之一的“食”也需要当地政府带头牵引发展，开发富含当地文化特色的食品并聘请专业人士前来改良当地的藏餐，以期能适应旅游者的口味，从而使当地“食”的提供主体不限制于景区门口的几家川菜馆与甘肃菜馆。通过诸如此类的教育培训来丰富当地乡村旅游的参与形式，提升村民的参与能力，让当地村民们尽可能都参与到乡村旅游的发展中来，共同享受乡村旅游发展所带来的红利。

3.4.3 建立乡村贫困多维度的监控机制，追求各维度贫困减缓的均衡性，提升脱贫攻坚工作的有效性

从本研究的结果可以看出，扎尕那乡村旅游的减贫效应在教育水平、健康状况、生活水平三个维度并不显著，而仅仅对经济状况和资产状况两个维度进行减贫是无法从根本上完成脱贫攻坚工作的。而随着社会进步与当地乡村旅游的发展，经济状况维度与资产状况维度上的贫困减缓势必会受到这两种进步的共同推进，而教育水平、健康状况和生活水平三个维度的贫困减缓只能依靠社会进步这一种推动力来推动，因此扎尕那地区村民在教育水平、健康状况和生活水平三个维度上的贫困减缓可能会跟不上经济状况与资产状况维度的贫困减缓程度，为了保证扎尕那

地区脱贫攻坚工作的有效性，需要为当地构建多维度贫困动态监测机制，掌握区域内人口在多维度贫困上的动态变化，根据动态监测结果，及时为扎尕那地区调节与乡村旅游相配套的减贫措施，实现该区域脱贫攻坚工作的系统性与长效性。

3.4.4 合理均衡区域内旅游资源的开发与基础设计建设，保证空间正义

从扎尕那乡村旅游的减贫效应结果来看，样本家庭所在的空间区位与交通条件对贫困减缓拥有较为显著的影响，即东哇村村民的贫困减缓普遍优于业日村，业日村村民的贫困减缓又普遍优于达日村，代巴村村民的贫困减缓最不显著，这主要就是因为扎尕那核心景区位于扎尕那村以东，扎尕那乡村旅游的红利基本被就近的东哇村和业日村吸收，造成了当地贫困减缓的不均衡，空间正义问题亟待解决。因此，对于后续扎尕那乡村旅游的规划与开发，应该更侧重代巴村和达日村，扎尕那村自然风光秀丽，旅游资源丰富，代巴村和达日村也不逊于扎尕那景区，政府需要在后期开发景区的时候优先考虑分布在扎尕那村以西的地区，使代巴村和达日村也能享受到扎尕那乡村旅游带来的红利，保证空间正义。

3.4.5 创新村民合作机制，打破利益集体的“马太效应”

扎尕那村是一个典型的藏族村寨，当地民风淳朴，各乡村内的人家十分团结，在部分家庭通过乡村旅游减贫甚至致富之后，会通过每年集会的形式来商讨如何帮助同村依然贫困的家庭，这种群体的抱团机制在最能享受到乡村旅游红利的东哇村最为典型。较为富裕的家庭通过出钱或者出力的方式来直接帮助贫困家庭脱贫，抑或是通过集体融资（富裕家庭多出，贫困家庭少出或不出）来修建基础设施的方式间接地帮助同村内的贫困家庭减缓贫困，这种方式虽然在一定程度上保证了同村内的公平，但从扎尕

那整个村子的视角来看，并不利于扎尕那整村的脱贫攻坚，东哇村和业日村的合作机制增加了达日村和代巴村参与乡村旅游的机会成本。因此，当地政府需要引导扎尕那村村民在整村的视角下建立合作机制，通过政府举荐或者村民选举出的乡贤来整体考量扎尕那村的帮扶行为，打破以小村为合作基础所造成村际间的“马太效应”，提高扎尕那村脱贫攻坚工作的公正性。

第4章

民族地区乡村旅游扶贫效应的个案比较研究

4.1 研究现状

4.1.1 国外研究综述

4.1.1.1 整体分析

在国外研究综述中，以通过外文数据库 Elsevier Science Direct 及 Taylor & Francis Online 进行检索，以“tourism+poverty”为关键词分别检索到 8654 篇和 24484 篇相关文献，以“pro−poor tourism”（and）“impact”“effect”为关键词分别检索到 4058 篇和 1705 篇相关文献，以“pro−poor tourism”+“effect”+“case study”为关键词分别检索到 70 篇和 28 篇相关文献。经过分析可以看出，国外针对旅游扶贫的研究共有三个阶段：第一阶段是探索性研究，时间跨度为 20 世纪 60 年代至 80 年代。此阶段文章数量不断增多，但大部分集中在旅游扶贫带来的社会和经济效应等宏观方面的研究。第二阶段将旅游和扶贫联系起来，研究时间阶段为 20 世纪 80 年代至 20 世纪末期。此阶段扶贫研究已经和旅游业结合起来，人们开始在旅游发展中获益，从而实现部分居民的脱贫。并且提出旅游可能使贫困现象更加严重，但在发展机会有限的地区，旅游业在增加就业方面还是有效的。第三阶段把扶贫和贫穷人口联系到了一起，研究时间为 20 世纪末至今。这一阶段将旅游和扶贫直接联系起来，研究旅游扶贫如何解决地区贫困，并取得了何种成效，指出旅游业在缓解地区贫困方面作用很大。

4.1.1.2 主要研究内容

（1）旅游扶贫相关文献研究。国外旅游扶贫的相关研究开始于20世纪60年代，但研究的范围较小，仅局限于旅游发展带来的一系列变化。随着2003年世界旅游日主题的确定，旅游扶贫逐渐引起学术界的关注，研究的方向和内容更加丰富，主要包括以下三个方面。

①旅游扶贫的概念研究。国外旅游扶贫概念的提出在1999年，它指的是贫穷居民可以在旅游发展中获得的经济效应以及一些其他方面的效应，其目的就是让贫困人口增加收入，摆脱现在的贫困处境。而通过相关资料文献的搜索，我们发现对于旅游扶贫这一概念，现在还没有统一的定义。Ashley认为旅游扶贫是依靠贫困地区的旅游资源来摆脱贫困的，不同于一般的扶贫方法。

②旅游扶贫的方式研究。通过分析国外文献的研究，我们可以发现，自从PPT概念的提出后，国外开始将旅游扶贫作为一项重要的研究方向和内容。由于研究者各自的学术背景和研究方向的差异，他们对旅游扶贫研究的方式也不尽相同。1989年，Wilkinson发现当地贫困村民在发展旅游过程中受到资金、权力等各方面因素的限制；1996年，Wall对巴厘岛的8个乡村进行研究后，发现旅游扶贫的实施也带来了一些负面影响，如阻碍当地的可持续发展；2003年，Catherine以乌干达与捷克为案例地，通过对两地的旅游发展状况进行对比后，得出当地旅游发展程度的高低与地区旅游形象之间的关联性；2005年，Joseph E. 验证了旅游发展确实能增加当地村民的收入；2008年，Simpson M. C. 对社区旅游进行研究，证实社区旅游发展的意义；Bozorgaghideh通过分析印度2001—2010年10年间的旅游相关指标，肯定了旅游扶贫的实际意义；2012年，Christian M. 开始研究农业领域，探究农业与旅游相结合的新方式。

③旅游扶贫效果研究。国外在旅游扶贫效果研究方面，研究者证实旅游扶贫在一定程度上的确增加了居民的收入，发挥了扶贫的作用。但由于贫困地区自身以及外部的一些原因，扶贫的成效并不是很明显，甚至带来了一些负面影响。Nevin通过对贫穷地区的旅游发展进行研究，发现

旅游扶贫的开展提高了当地的经济水平；Akyeainpong研究了中部地区的居民，通过调查旅游扶贫带来的实际效应，证实旅游扶贫工作的正确性；Gurung研究了山地旅游区，指出山地旅游的发展导致环境遭到一定程度的破坏，旅游扶贫对环境造成了负面影响；Taylor对岛屿国家的旅游发展状况进行研究，发现过度的开发旅游威胁到了其他产业的发展。总体来看，旅游扶贫工作的开展增加了贫困人口的经济收入，带动了当地社会的发展，取得了一定的成效，同时也带来了一些文化、环境和社会等方面的副作用。

（2）乡村旅游扶贫现状。乡村旅游开始出现的标志是1865年意大利农业与旅游全国协会的成立。现如今，国外有关乡村旅游发展的研究在逐渐增加，研究成果也逐渐成熟。而乡村旅游扶贫这一研究方向更是学术界研究的热点。

20世纪90年代，国外乡村旅游扶贫的研究逐渐增加，专家在这一阶段的主要研究内容为乡村旅游扶贫的各方面效应、具体影响因素和应对措施。Nicholson指出乡村旅游扶贫过程中，若实际问题没有得到良好的解决，贫困地区的犯罪率将会上升；Sudhiani Pratiwi通过对实际情况进行分析，得知在旅游开发中，贫困居民的参与率很低。乡村旅游扶贫目的是使贫困人口提高收入，脱离贫困，而从前人研究成果来看，旅游扶贫取得了相应的成效，同时也带来了一些社会文化方面的弊端。针对扶贫过程中出现的情况，学者再对其进行分析研究，找出造成这一后果的原因。例如，凯雷斯研究了乡村旅游扶贫实施效果的影响因子；斯宾瑟利通过对火山公园进行调查研究，归纳总结出了附近军民参与旅游中的影响因素。Dogan通过分析居民在旅游发展过程中发生的变化情况，提出了具体的应对措施。

国外乡村旅游扶贫的另一个关注点在贫困人口的具体收益方面。旅游业的发展会带动相关产业的兴起，以及当地村民收入来源的增加。比如Caroline Asheley通过研究发现，贫困人口参与旅游活动中可以获取收入，减轻其贫困程度。但是也有相关研究表明，乡村旅游扶贫的开展并不都为贫困人口带来了实际效应。Dilys Roe 指出现有产业的出现仅仅是为了使社区获益而不是让穷人脱离贫困，甚至对贫困人口产生了消极的作用；Matthew 通过研究也发现，贫穷地区的各项基础条件较差，村民自身拥有的资金和能力不足等原因，致使外来人员在景区大规模投资，当地贫穷的现状并没有多大改观。

（3）旅游扶贫效应研究。旅游扶贫首要的工作内容是增加当地的经济收入，这是旅游业发展的目的所在。最初的研究中，研究内容集中在旅游乘数效应和旅游漏损理论等有关经济方面的成效上。一方面，旅游确实为贫困者提供了就业机会，使得居民参与到旅游活动中，其收入会有所增加。另一方面，旅游的发展可以促进服务业的兴起，带动其他相关产业，这为当地村民提供了更多的就业方式，推进扶贫工作的开展。但经过研究可以发现，贫困地区的自身的经济条件较差，设施建设也不完善，造成外来资金的投入较多，从而造成了一系列严重问题，且其旅游收益也远不能实现脱贫，一些贫穷村民甚至受到旅游带来的环境破坏等负面影响。

此外，一些研究者提出经济和社会地位的不同，则居民在旅游中所得到的正面经济效应也会略有不同，且收入最低的居民是低于收入高的居民的。除了经济效应，社会和文化效应也是近些年研究的热点。旅游业在不断发展，当地的基础设施也在逐渐改善，其社会文化物质环境也因此得到改观。此外，社会文化环境的改变又有利于旅游朝着更好的方向发展。但此过程中也会存在文化风险，如旅游地的风俗文化被商业化、居民生活氛围变化、贫富差距拉大等问题。

4.1.1.3 主要研究方法

国外学者大多从宏观角度对旅游扶贫进行研究。Mathiesor 和 Wall 认为旅游扶贫分为社会环境、自然环境和经济环境三个方面，而社会环境方面包括对传统生活方式和文化遗产的影响，自然环境包括天然与人为影响等，经济方面又包括旅游收入、就业等。而国外乡村旅游扶贫效应研究中，旅游乘数效应是最常用的研究方法。Mayer M. 运用乘数效应法，得出当地旅游消费水平与当地的经济之间的关联程度。现如今，旅游扶贫的研究也将地理学、社会学等学科应用其中。比如 Deller S. 和 Jarus 分别通过地理加权回归模型、一般均衡理论，分析旅游扶贫带来的实际作用。除了以上方法，社会学、旅游学中常用的一些方法也经常运用于旅游扶贫研究中。J. A. Ogundele 通过分析农业的旅游发展潜力，指出旅游扶贫能为村民带来的实际好处。Moustafa A. Mekawy 则利用社会学的常用方法问卷调查法，论证旅游发展与贫困人口数量减少之间的动态关系。

4.1.2 国内研究综述

以知网为数据库，以“乡村旅游 + 扶贫效应”为核心关键词，共搜索出 212 篇符合条件的文献，文献均为 2001 年以来的，以“乡村旅游扶贫效应 + 民族”为核心关键词，共搜索出 55 篇符合条件的文献，文献均为 2005 年以来的。从检索结果可以看出，2001—2018 年，乡村旅游扶贫研究的发文数量基本处于上升状态，仅在 2010 年出现短暂的小幅度下降趋势。这说明乡村旅游扶贫已经成为学术界的热点研究，其带来的积极效应也逐渐展现出来，且 2017 年和 2018 年旅游扶贫效应的研究达到了有史以来的巅峰。以“旅游扶贫”为核心关键词进行检索，分析得知我国的国内研究可以分为三个阶段。第一个阶段：2001 年以前，是我国旅游扶贫的初级阶段。研究成果数量较少，且大多只描述了旅游扶贫的概念、方式和作用等。第二阶段：2001—2007 年，是国内有关旅游扶贫研究的快速发展阶段。此阶段论文数量远高于第一阶段，研究内容也逐渐向扶贫效应、精准扶贫、产业扶贫等靠拢，但是大多为宏观层面的研究。此外，定量研究方法开始使用，丰富了我国旅游扶贫的成果。第三阶段：2007 年至今，是我国旅游扶贫研究的繁荣期。此阶段相关文章的发表数量最多，且范围逐渐增加，深度也在增加。研究的主要内容从旅游扶贫模式向贫困地区的人口进军，贫困人口的收入增加成为学术界的重点。

4.1.2.1 主要研究内容

国内有关旅游扶贫效应方面的研究数量很多，但和国外文献相比较，国内的研究基本上是从我国的基本国情出发，对具体案例地的实际情况进行的研究。为了便于与上文国外文献进行对比与总结，下文也将从旅游扶贫、乡村旅游扶贫、旅游扶贫效应和乡村旅游扶贫效应 4 个方面对文献进行归纳。

（1）旅游扶贫研究。国内有关旅游扶贫的研究主要包括旅游扶贫概念的研究、旅游扶贫模式的研究、旅游扶贫影响方面的研究和旅游扶贫存在的主要问题的研究。

①旅游扶贫概念的研究。对于旅游扶贫的定义，国内尚无统一的规定。郭清霞（2003）认为旅游扶贫就是利用贫困地区的旅游资源来发展旅游业，从而带动当地经济发展，达到脱贫的作用。丁焕峰（2004）认为旅游扶贫的目的是实现贫穷居民脱离贫困，实施方法是开发贫困地区的旅游景区、发展地区旅游业。隆学文、马礼（2004）认为旅游扶贫是使群众脱离贫困的一种模式，是通过开发旅游资源发展旅游业为村民提供就业机会，进而达到增加贫困人口收入的目的。陈丽华（2008）等认为旅游扶贫就是开发特色旅游商品，提高其知名度，吸引全国各地的游客参观游玩，从而带动当地的经济发展水平。总的来说，旅游扶贫就是依靠当地现有的丰富旅游资源，发展旅游业，增加贫困居民的就业机会，提高经济收入，最终实现脱离贫困的目的。

②旅游扶贫模式的研究。张蕾等对张家口地区的旅游扶贫模式进行了研究，提出政府型旅游扶贫模式的弊端，并给出了相应的解决建议。程龙对文家坝村的“文化 + 旅游”扶贫模式进行研究，并针对实际情况提出了具体的应对措施。向春敏对黔东南的“三共三带”模式进行了研究。张成对六盘水市的政府主导农旅结合的发展模式、生态景区旅游扶贫带动模式、社区居民参与模式进行了研究。胡凯璐研究了全域旅游背景下的贵州县域扶贫开发模式。卢玉平认为福建省可以构建“公司 + 政府 + 村民”的开发模式及“互联网 + 乡村生态旅游”的营销模式。徐建辉提出了“旅游 + 交

通 + 扶贫”的发展模式。韩静对清远市龙坪镇的“旅游 + 产业 + 扶贫”模式进行了研究。秦治辉对南太行的三种旅游扶贫模式进行了分析，分别是“扶贫村出旅游资源 + 外来公司出资合作”模式、“自然风景 + 特色农庄”模式和“国家地理标志 + 产业模式”。银马华等对大别山集中连片特困区的 36 个县进行研究分析，针对具体情况提出了 4 种旅游扶贫模式，分别是战略联合模式、区域联动模式、休闲农业与乡村旅游模式、政企合作模式。凌丽君对茶乡的生态旅游精准扶贫模式进行了研究。方镇通过分析得知苏马荡地区的旅游扶贫模式是一种正确的模式，有利于当地摆脱贫困现状。窦文章对红色旅游扶贫模式进行分析，指出了政府主导模式存在的问题。陈赛通过对璋嘉村旅游扶贫现状进行分析，研究出适合其乡村旅游发展的具体模式。张侨对海南省贫困地区进行分析后发现，当地最有效的旅游扶贫模式是“企业开发 + 农户参与经营”模式。白野在提到了一种可以促使贫困人口脱贫的扶贫模式，即“旅游风景区 + 文化古镇 + 特色农产品 + 乡土资源”的农业旅游的扶贫模式可以有效改善农村贫困问题。

③旅游扶贫影响方面的研究。旅游扶贫的目的是使贫穷居民脱离贫困，在扶贫工作开展过程中，可以看到扶贫带来的实际作用，但不可避免地也会带来一些负面影响。韩伶娟认为，旅游扶贫给三峡大坝带来了经济影响和社会影响，肯定了旅游在扶贫过程中的作用。唐波对河源市东源县 14 年间的数据进行分析，验证了旅游扶贫带来的经济效应。邓小海等对乌蒙山片区的贫困县进行分析研究，发现旅游发展在带来积极效应的同时，也带来了社会文化遭到破坏等消极效应。张秀云以云南省的两个自然村为研究对象，对当地旅游扶贫效应和政治信任水平之间的关系进行了分析，结果表明政治信任水平和经济效应、社会文化效应和环境效应之间都呈线性关系。从以上各位学者的研究可以看出，旅游扶贫影响着当地的社会经济发展。

④旅游扶贫存在的主要问题的研究。张蕾发现旅游扶贫过程中存在政府监管机制不严格、旅游基础设施不完善等问题。欧汉杰发现乡村旅游发展中存在资金不到位、旅游专业人士缺乏等问题。吴晓芳通过对下党村的

扶贫现状进行分析，发现村民受教育程度较低、理解能力弱，部分扶贫资金没有精准到户，政府和村民之间沟通少等问题。顾佳琪在对贵州省的扶贫工作进行研究后，针对资金发放、居民参与程度、居民参与意愿等方面的问题提出了建议。毛玲研究了武隆区大洞河乡，指出旅游扶贫在旅游产品开发、旅游基础设施建设、当地知名度以及村民与政府之间存在的问题。李明提出了平山县旅游扶贫过程中出现了景区总体规划不完善、村民参与意愿低、旅游专业人士少、贫困村民更加贫穷等问题。

（2）乡村旅游扶贫研究。

①乡村旅游相关概念的研究。吴必虎认为乡村旅游就是将乡村的旅游资源进行开发利用后，吸引游客前来观光旅游。而旅游扶贫就是通过发展乡村旅游，促进旅游业发展，从而为贫困村民提供更多的就业机会，最终收入增加，摆脱贫困。

②乡村旅游扶贫模式的研究。郭玲对赣南的乡村旅游扶贫模式进行了研究。刘学艺总结分析了陕西乡村旅游扶贫模式，促使陕西省早日脱离贫困。张青等对五龙河农业生态农场进行研究，提出了“威望人群带头”模式。梁倩对贵州省的乡村文化旅游扶贫开发模式进行了研究。操婷探讨了乡村旅游扶贫过程中政府主导扶贫模式对旅游的影响。汪姣构建了一套可持续旅游扶贫模式，包括观念扶贫、智力扶贫、智慧扶贫，“旅游+”产业融合和绿水青山“生态+”扶贫模式。

（3）旅游扶贫效应研究。旅游效应相当于旅游影响。有学者认为旅游影响就是因为旅游业的开展所带来的好或不好的作用，即旅游活动对当地的经济、文化等各方面造成的一种效应。

旅游扶贫的目的就是让贫穷居民增加收入，从而脱离贫困，最终走上富裕的道路，并带动贫困地区社会经济的发展。其中旅游扶贫的最根本目的是让贫困居民从贫穷走向富裕，而带动贫困地区社会经济发展是旅游扶贫工作的最终目标。基于此，本书分析旅游扶贫效应需要从现实影响和影响长久性两方面入手。旅游扶贫是众多扶贫方式中的一种，其旅游活动的开展对贫穷居民有很大的影响，他们的收入最低，而提升其收入水平是旅游扶贫工作的重点。贫困居民是旅游扶贫活动的直接参与受益者，他们在参与过程中的有关收入、自我成就感等方面的感知效应，是他们参与过后的切身感受。旅游扶贫效应又可从宏观和微观两个角度进行分析。宏观层次效应指的是旅游扶贫工作的最终目标——贫困地区的社会经济发展，而微观效应则指旅游扶贫的根本目的——让贫困居民从贫穷走向富裕。通过文献分析，可以得知大多数学者运用宏观经济指标衡量旅游扶贫效应时，借助一些模型来算旅游业的乘数效应，涉及的一般是省市级别的地区。基于此，本研究将从微观角度出发，选取民族地区扎尕那村为案例地，对民族地区乡村旅游扶贫效应进行系统的分析。

在旅游扶贫效应的具体研究方面，国内学者研究范围比较广。张伟从贫穷居民的实际收益情况出发，分析了铜锣寨风景区旅游扶贫效应；唐建兵提出贫困地区发展旅游业既具有正面效应，同时也带来了一些负面效应；胡钧清通过对恭城县红岩村的旅游开发模式进行研究，分析了其对周边地区产生的辐射效应；丰志美对成都市锦江区三圣乡红砂村的开发模式和扶贫效应进行了研究；张晓明等通过星子县的旅游扶贫效应分析，得出旅游扶贫是帮助贫穷居民摆脱贫困的有效途径；杨建春通过分析贵州旅游业的发展状况，并把旅游和脱贫联系起来，得出旅游扶贫取得了一定成效，但带来的效应持续时间较短的结论；马亚妮探讨了旅游可持续发展的指标体系，验证了旅游扶贫的成效；叶俊以大别山试验区——麻城龟峰山风景区的旅游扶贫开发为例，探析当地村民对旅游扶贫效应的感知和参与态度；贺小荣以甘肃省宕昌县的旅游扶贫为研究对象，通过结构方程模型进行验证与修正，得出结论：贫困居民旅游扶贫的正效应感知和参与意向成正比；黄登斌等以南疆深度贫困地区库木库萨尔村为研究对象，探析了当地居民对非遗旅游扶贫效应的感知与参与行为，并对其导致贫穷的原因进行了分析；韦庆锋等以世界长寿之乡、广西国际长寿养生旅游区核心区、国家级贫困县巴马县为例，通过问卷调查和 DEA 模型对金融支持旅游扶贫效率进行了评估，深入分析了当前金融支持旅游扶贫面临的问题。

（4）乡村旅游扶贫效应研究。2001 年，黄进分析了桂林阳朔的乡村旅游扶贫模式，指出其成功之处以及为其他地区乡村旅游发展提供了参考；2004 年，邓清南分析了乡村旅游和旅游扶贫之间的关系；游佩媛在北京和贵州选取了两个案例地，通过对案例地的扶贫效益进行对比，发现其旅游扶贫效应存在相同之处；文军、李星群等研究了民族地区的乡村旅游开发，针对具体情况提出保证扶贫效率的措施；洪京对邵阳的旅游扶贫现状进行了研究，指出贫困村民在参与旅游业发展过程中存在的问题，并构建出了贫困人口受益机制；吴应香研究了少数民族地区旅游扶贫过程中存在的问题；毛玮对湘西土家族苗族自治州的旅游扶贫现状进行了研究，找出了自治州旅游发展存在的困难，并提出从政府和村民两方面来保障旅游扶贫工作的实施；2013 年，平瑛对旅游扶贫进行研究，指出乡村旅游是扶贫工作中重要的一部分，在扶贫过程中具有举足轻重的作用；2014 年，王龙对桂林龙胜风景区进行了研究，论证了旅游扶贫带来的实际效应；张军等对十堰市的乡村旅游扶贫效应进行了研究，结果表明旅游扶贫的确促进了乡村地区的经济发展；尚清芳通过构建评价指标体系，对陇南市 2014—2017 年四年间旅游扶贫的投入产出进行了分析。

4.1.2.2 主要研究方法

郭舒（2015）、李倩（2018）等采用产业链条跟踪法对旅游扶贫效应进行了分析。叶俊（2014）、李佳（2009）、黄登斌（2018）等通过问卷调查与数理统计法，分析了居民对旅游扶贫效应的感知状况。倪茜楠（2012）、张美娥（2017）等通过 SWOT 分析法研究旅游扶贫模式。王军军（2008）、卜晓梅（2009）、李会琴（2012）、董燕晶（2014）、张美娥（2017）、张军（2017）等对扶贫案例地的扶贫效应和扶贫模式进行了研究，大多使用文献研究法、实地考察法和案例研究法等相关方法。李沛（2013）、龙梅（2014）、冯伟林（2017）等采用将定量分析和定性分析相结合的方法，对旅游发展带来的实际效应以及村民的感知效应进行了研究。刘亚男（2019）通过 CiteSpace 软件，并运用文献计量学方法，对国内改革开放 40 周年以来的扶贫实际效果进行了分析。龚晓宽（2006）、马冬梅（2006）等通过宏观与微观研究相结合的方法，对乡村旅游扶贫模式和现状进行了研究。田润乾（2010）通过博弈分析法对旅游扶贫过程中居民的参与模式进行了研究。王铁（2008）、包军军（2015）、田翠翠（2016）等用层次分析法对旅游扶贫模式和旅游扶贫效应进行了研究。杨建春（2015）则运用格兰杰因果检验、脉冲响应函数等经济学方法，研究贵州旅游发展和贫困人口数量之间的关系。邓小海（2015）将灰色系统分析法运用到旅游扶贫效应研究中。总体上，国内研究方法分为定性研究、定量研究以及定性定量相结合三种。其中深度访谈、文献研究法等属于定性研究，问卷调查、层次分析法、灰色系统分析法、博弈分析法等属于定量研究。

4.1.3 国内外相关研究评述

4.1.3.1 国内外研究内容对比分析

在研究内容方面，国内和国外的旅游扶贫效应都可分为旅游扶贫效应的评估和影响因素两个内容。旅游扶贫效应的评估可分为对象和效果评估两方面，其效应具有积极效应和消极效应两方面，但大多只在宏观层面上得出旅游扶贫带来的负面效应，并未从微观层面进行验证。在扶贫区域方面，国内主要聚焦于宏观的经济、文化效应，微观层面主要研究的是贫困人口对旅游扶贫效应的感知，但总体上微观层次的研究少于宏观层次。而国外有关旅游扶贫效应的研究，集中在产业联动、生态环境等方面，且在贫困人口收益方面的研究更加深入。旅游扶贫效果方面，国内外学者都验证了旅游扶贫带来的实际作用，但一些诸如数据上扶贫等现象涌现出来，造成了消极的社会影响。

4.1.3.2 国内外研究方法对比分析

经过 20 多年的发展，国内和国外的研究方法越来越多样化，刚开始学者通过旅游扶贫的经济效应和乘数效应进行定性评价，现在有了更加多样的研究方法。总体上还是以定性分析为主，定量分析的较少，因此旅游扶贫效应方面的定量研究成果比较少。其中，郭舒运用产业链跟踪法，引申出了投入产出分析法、经济关联分析法等旅游扶贫效应的研究方法。国外旅游扶贫效应的研究方法主要是定量分析为主，社会学、经济学、管理学等研究方法也逐渐被运用到乡村旅游扶贫效应的研究中。另外，深度访谈、问卷调查、图表法等也被运用于旅游扶贫效应的研究中。

4.2 研究设计

4.2.1 研究目的

本研究以甘南藏族自治州扎尕那村为案例地，对扎尕那村的居民开展问卷调查和深度访谈，进而研究扎尕那村旅游扶贫效应。首先，通过物质资本、金融资本和社会资本 3 个维度，对扎尕那村的 6 户贫穷和富裕村民的实际情况进行对比，得出旅游扶贫工作的开展整体上提高了当地的生活水平，村民的收入都有不同程度的增加，但扶贫工作的开展也带来了一些负面效应，其中最为明显的就是拉大了当地村民之间的贫富差距。其次，在验证扶贫带来的负面效应后，运用扎根理论分析拉大贫富村民差距的原因，以期为缩减民族地区贫富差距提供具有参考价值的建议，促使民族地区乡村旅游扶贫更好地发展。

4.2.2 数据来源与样本描述

4.2.2.1 数据来源

为了验证旅游扶贫工作是否拉大了当地村民的贫富差距，本研究整理设计出一套针对扎尕那乡村旅游扶贫效应的调查问卷，以期获取能够反映扎尕那村扶贫成效的第一手资料。本问卷主要分为三大部分：第一部分是被调查者的家庭人口信息，包括性别、年龄、受教育水平、参加技能

培训 / 就业指导的次数（时间）、有无疾病等。第二部分是扎尕那村旅游发展前后 10 年的自然资本、物质资本、社会资本和金融资本变化。第三部分是访谈，包括旅游发展是否增加了就业机会、是否增加了居民个人收入、是否使生活环境得到改善、是否提高了当地医疗服务水平、是否使当地居民对子女教育的重视程度提高、是否让贫穷的村民富裕起来等。

2018 年 5 月 6 日调研小组从兰州前往扎尕那景区开展调研，为保障数据的准确性，又分别于 7 月 14 日和 9 月 15 日先后两次前往扎尕那村进行调研，每次调研时间为 4 天。调研小组主要通过扎尕那村相关知情人士的评判，挑选出扎尕那村 3 户最为贫穷的农户和 3 户最为富裕的农户，开展逐户问卷调查。通过调查，初步了解到扎尕那村中富裕村民家中开有规模较大的农家乐。在问卷调查基础上，在村中随机选择村民进行深度访谈。

4.2.2.2 样本描述

（1）被调查者基本信息。将被调查者的个人信息进行汇总后，被调查者的特征主要表现在如下几个方面：①在识别出扎尕那村的富裕村民和贫困村民后，对村民进行了调查，从表 4–1 可以看出，被调查者大多为男性。在藏族地区，他们大多使用藏语进行交流，随着旅游业的发展，他们也渐渐开始了汉语交流，但是男性的汉语水平还是普遍高于女性，因此在进行调研的时候，基本都是男性来填写我们的问卷内容。②调查者中大多为 20~45 岁的中青年，且富裕村民中被调查者大多年龄不超过 35 岁，其受教育水平基本是初中及以上，甚至是本科水平，而贫困村民被调查者年龄基本在 40 岁左右，受教育水平也普遍偏低。③随着扎尕那村旅游的发展，村民开始积极参与到旅游业的发展中来，被调查者每年都会参加 3~5 次的技能培训或者就业指导。④分析富裕与贫困家庭可以看出，富裕家庭基本都有文化水平较高且身体健康的青年，而贫困家庭家中大都是没有受过高中以上教育的青年，且还有一部分身体患有疾病，这使得他们没有能力更好地参与到旅游的发展中去获得收益。

表 4-1　被调查者基本信息

编号	年龄	性别	受教育程度	参加技能培训/就业指导的次数	有无疾病	家庭经济状况	数据来源
（1）	32	男	初中	5	无	富裕	问卷+访谈
（2）	24	男	大学	3	无	富裕	问卷+访谈
（3）	27	男	高中	5	无	富裕	问卷+访谈
（4）	42	女	初中	5	有	贫穷	问卷+访谈
（5）	38	男	小学	3	无	贫穷	问卷+访谈
（6）	40	男	小学	3	有	贫穷	问卷+访谈
（7）	39	男	小学	3	无	中等	访谈
（8）	35	女	小学	5	无	中等	访谈
（9）	37	男	初中	3	无	中等	访谈
（10）	41	男	高中	3	无	中等	访谈
（11）	38	男	初中	3	无	中等	访谈
（12）	38	男	初中	3	无	中等	访谈

（2）个案分析。

①个案 A 分析。A 家庭共有 6 人，2018 年接受访谈时，他的父亲 57 岁，母亲 55 岁，均没有上过学，A 年龄为 33 岁，受教育程度为高中，他爱人 30 岁，受教育程度为初中，其儿子和女儿尚在上小学。A 是扎尕那村较早经营农家乐的家庭，近几年还经营着一家生活超市和一家饭店，属于村中最早一批参与到旅游发展中的家庭。A 家庭所有家人身体健康，无疾病，自 2012 年旅游业发展起来后，共参加技能培训 / 就业指导 5 次。

以下均从物质资本、金融资本、社会资本三个维度来对各个家庭情况进行描述。

物质资本。A 家庭现居住房屋为砖和水泥作为承重的砖混结构，家中耐用品有录像机、彩色电视机、洗衣机、冰箱、电扇、空调、电脑、微波炉、电饭锅、高压锅、电话、手机、宽带、照相机。由于发展旅游需要较多资金支持，家中牛羊都已变卖，仅剩 3 匹马和 4 头猪。2008 年，A 家庭共有 130 头牛、1 匹马、5 头猪，家庭耐用品只有电话、收音机、黑白电视机、电扇、缝纫机、DVD 等。随着旅游业的发展，2012 年有 50 头牛、2 匹马、6 头猪，家中增加了彩色电视机、电脑、宽带、手机、电饭锅、洗衣机和冰箱等家庭耐用品。

金融资本。A 家庭 2017 年总收入约为 204 万元，其中农家乐住宿收入约为 55 万元，餐饮收入约 140 万元，牵马收入 2 万元，纪念品收入 7 万元；年支出为 100 万元左右，其中文化娱乐消费支出占比 5%。2008 年，A 家庭年总收入为 3 万元，年支出基本等同于年收入，年底无剩余。2012 年，A 家庭摸索着参与到旅游发展中，年收入达到了 6.4 万元，其中农家乐住宿收入 1.5 万元，餐饮收入 2.8 万元，牵马收入 0.5 万元，纪念品收入 0.3 万元，运输收入 1.3 万元；年支出为 4.2 万元，文化娱乐消费支出 0.7 万元。

社会资本。2017 年，A 的固话和手机通信费为 158 元，亲戚中有 3 人是村干部，农村合作医疗费用为每人 180 元，农村养老保险费用每人 500 元，项目决策村民参与率达到 85%，工作人员与扶贫户一年交流 8 次左右。2008 年，A 的固话和手机通信费仅为 28 元，农村合作医疗费用每人 10 元，农村养老保险费用每人 100 元，项目决策村民参与率仅为 10%，工作人员与扶贫户一年交流 1 次。2012 年，A 固话和手机通讯费为 135 元，农村合作医疗费用 50 元，农村养老保险每人 100 元，项目决策村民参与率上升到了 45%。

②个案 B 分析。B 家庭共有 6 人，2018 年接受访谈时，他的父亲 75 岁，母亲 73 岁，均没有上过学，B 年龄为 50 岁，受教育程度为高中，他爱人 50 岁，受教育程度为高中，其儿子在上大学，女儿尚在上高中。B 是扎尕那村农家乐规模较大的家庭，有 50 间酒店标准的客房，能容纳 200 人同时就餐。此外，B 家庭与户外旅行团、写生的学生等有联系，避免了淡季客房的大量空缺。B 家庭所有家人身体健康，无疾病，自 2012 年旅游业

发展起来后，共参加技能培训 / 就业指导 7 次。

物质资本。B 家庭现居住房屋为砖和水泥作为承重的砖混结构，家中耐用品有录像机、彩色电视机、洗衣机、冰箱、空调、电脑、微波炉、电饭锅、高压锅、手机、宽带、照相机。B 家庭农家乐规模较大，家中牛羊已经全部变卖，仅剩 2 匹马用于牵马活动。2008 年，B 家庭共有 10 头牛、170 只羊、2 匹马，家庭耐用品有电话、手机、收音机、彩色电视机、电扇、缝纫机、DVD、照相机等。随着旅游业的发展，B 家庭 2012 年有 20 头牛、260 只羊、2 匹马，家中增加了电脑、宽带、电饭锅、洗衣机和冰箱等家庭耐用品。

金融资本。B 家庭 2017 年总收入约为 302 万元，其中农家乐住宿收入约为 120 万元，餐饮收入约 180 万元，牵马收入 2 万元；年支出为 100 万元左右，其中文化娱乐消费支出约为 8 万元。2008 年，B 家庭年总收入为 3.2 万元，年支出基本等同于年收入，年底无剩余。2012 年，B 家庭摸索着参与到旅游发展中，年收入达到了 10 万元，其中农家乐住宿收入 3 万元，餐饮收入 6.5 万元，牵马收入 0.5 万元；年支出为 8 万元，文化娱乐消费支出 1.2 万元。

社会资本。2017 年 B 的固话和手机通信费为 280 元，亲戚中有 3 人是村干部，农村合作医疗费用为每人 180 元，农村养老保险费用每人 500 元。2008 年，B 的固话和手机通信费仅为 38 元，农村合作医疗费用每人 10 元，农村养老保险费用每人 100 元。2012 年，B 固话和手机通信费为 158 元，农村合作医疗费用 50 元，农村养老保险费用每人 100 元。

③个案 C 分析。C 家庭共有 7 人，2018 年接受访谈时，他的爷爷 73 岁，奶奶 72 岁，均没有上过学，他的父亲和母亲都是 45 岁，均为小学学历，C 年龄为 24 岁，受教育程度为大学本科，他有两个妹妹，分别在上大学和高中。C 是二村较早经营农家乐的家庭，属于村中最早一批参与到旅游发展中的家庭。C 家庭所有家人身体健康，无疾病，自 2012 年旅游业发展起来后，共参加技能培训 / 就业指导 3 次。

物质资本。C 家庭现居住房屋为砖和水泥作为承重的砖混结构，家中耐用品有录像机、彩色电视机、洗衣机、冰箱、电扇、空调、电脑、微波炉、电饭锅、高压锅、电话、手机、宽带、照相机。随着旅游的发展，家中也因此获得了收益，增加了牛羊的喂养数量，2017 年有 100 头牛、80 只羊和 1 匹马。2008 年，C 家庭居住房屋为砖木结构住宅，共有 10 头牛、120 只羊，家庭耐用品只有电话、收音机、彩色电视机、电扇、缝纫机、DVD、电饭锅等。随着旅游业的发展，2012 年有 30 头牛、200 只羊，家里住上了砖混结构的房子，其牢固性和保暖性好于砖木结构住房。家中增加了电脑、宽带、手机、洗衣机和冰箱等家庭耐用品。

金融资本。C 家庭 2017 年总收入约为 180 万元，其中农家乐住宿收入约为 72 万元，餐饮收入约 106 万元，牵马收入 2 万元；年支出为 70 万元左右，其中文化娱乐消费支出 8 万元。2008 年，C 家庭年总收入为 3 万元，年支出基本等同于年收入，年底无剩余。2012 年，C 家庭摸索着参与到旅游发展中，到 2014 年 C 家庭年收入达到了 10 万元以上，其中农家乐住宿收入 7 万元，餐饮收入 5 万元，牵马收入 0.5 万元，运输收入 0.5 万元；年支出为 6 万元，文化娱乐消费支出 2 万元。

社会资本。2017 年 C 的固话和手机通信费为 178 元，亲戚中有 2 人是村干部，农村合作医疗费用为每人 180 元，农村养老保险费用每人 500 元。二村共有 60 户，其中有 20 户村民代表参与项目决策，参与率为 33%，扶贫工作人员与贫困户一年交流 5 次左右。2008 年，C 的固话和手机通信费仅为 18 元，农村合作医疗费用每人 10 元，农村养老保险费用每人 100 元，扶贫工作人员与扶贫户一年交流 1 次。2012 年，C 固话和手机通信费为 58 元，农村合作医疗费用 50 元，农村养老保险费用每人 100 元，扶贫工作人员与贫困户一年交流两次左右。

④个案 D 分析。D 家庭共有 5 人，2018 年接受访谈时，她 42 岁，她爱人 45 岁，两人都是初中文化，她有三个孩子，分别在上大学、高中和小学。D 家庭中无老人，之前在外做生意，家中生活条件略好于当地村民，但是在家中男主人患病后，他们的生活来源丧失，一家人又回到了村子。

物质资本。D家庭现居住房屋为砖和水泥作为承重的砖混结构，是扎尕那村村民集资为他们修建的房屋，家中耐用品有彩色电视机、电扇、电饭锅、手机、宽带等，家中仅有10只羊和1匹马。2008年，D家庭共有2头牛、5只羊、2头猪，家庭耐用品有电话、收音机、黑白电视机、缝纫机等。2009年外出打工，家中所有资产都变卖，2012年回到了村子，在亲戚和村民的共同帮助下置办了电视机、电扇、电饭煲等家电，并喂养了5只羊、1匹马、3头猪，开始了他们的新生活。

金融资本。D家庭2017年总收入约为6万元，其中牵马收入0.8万元；年支出为6万元左右，其中文化娱乐消费支出基本没有。2008年，D家庭年总收入为2万元，年支出基本等同于年收入，年底无剩余。2012年，D家庭回到村子后，收入基本来自低保救助、村中集体分红，以及牵马所得等，年总收入3万元，年总支出也是3万元。

社会资本。2017年D的固话和手机通信费为48元，亲戚中有1人是村干部，农村合作医疗费用为每人220元，农村养老保险费用每人100元，扶贫工作人员与贫困户一年交流8次左右。2008年，D的固话和手机通信费仅为10元，农村合作医疗费用每人10元，农村养老保险费用每人100元，扶贫工作人员与扶贫户一年交流1次。2012年，D固话和手机通信费为18元，农村合作医疗费用50元，农村养老保险费用每人100元，扶贫工作人员与扶贫户一年交流3次。

⑤个案E分析。E家庭共有6人，2018年接受访谈时，他的父亲73岁，母亲72岁，均没上过学，E年龄为40岁，其妻子38岁，受教育程度都是为小学，其女儿在上初中，儿子在上小学。E家庭所有家人身体健康，无疾病，自2012年旅游业发展起来后，共参加技能培训/就业指导5次。

物质资本。E家庭现居住房屋为砖木结构，家中耐用品有黑白电视机、收音机、电扇、电话，喂养着1头牛、9只羊、5头猪。2008年，E家庭共有1头牛、5只羊、2头猪，家庭耐用品有手机、彩色电视机、电扇、缝纫机、DVD等。随着旅游业的发展，2012年有1头牛、9只羊、1匹马、5头猪，家庭耐用品基本无增添。

金融资本。E 家庭 2017 年总收入约为 4.5 万元，其中农家乐住宿收入 2 万元，餐饮收入 1.8 万元，牵马收入 0.5 万元，其他收入 0.2 万元；年支出为 4.5 万元左右，基本无文化娱乐消费支出。2008 年，E 家庭年总收入为 1.2 万元，年支出基本等同于年收入，年底无剩余。2012 年，E 家庭开始参与到旅游发展中，年收入达到了 3 万元，其中农家乐住宿收入 1.8 万元，餐饮收入 0.7 万元，牵马收入 0.5 万元；年支出为 2.8 万元，文化娱乐消费支出 0.1 万元。

社会资本。2017 年 E 的固话和手机通信费为 28 元，亲戚中无一人是村干部，农村合作医疗费用为每人 220 元，农村养老保险费用每人 100 元，项目决策村民参与率达到 85%，工作人员与贫困村民一年交流 8 次左右。2008 年，E 的固话和手机通信费仅为 10 元，农村合作医疗费用每人 10 元，农村养老保险费用每人 100 元，项目决策村民参与率仅为 10%，扶贫工作人员与扶贫户一年交流 1 次。2012 年，E 固话和手机通信费为 28 元，农村合作医疗费用 50 元，农村养老保险费用每人 100 元，项目决策村民参与率上升到了 45%，扶贫工作人员与扶贫户一年交流 3 次。

⑥个案 F 分析。F 家庭共有 7 人，2018 年接受访谈时，他的父母均为 79 岁，均没有上过学，F 年龄为 49 岁，受教育程度为初中，其妻子 47 岁，受教育程度为小学。他的两个儿子和一个女儿，年龄分别为 25 岁、20 岁、22 岁，且都是初中学历。F 家庭所有家人身体健康，无疾病，自 2012 年旅游业发展起来后，共参加技能培训 / 就业指导 5 次。

物质资本。F 家庭现居住房屋为砖和水泥作为承重的砖混结构，家中耐用品有彩色电视机、洗衣机、冰箱、电扇、电饭锅、手机、宽带等，喂有 20 只羊、2 匹马、5 头猪。2008 年，F 家庭共有 3 只羊、1 匹马，家庭耐用品只有电话、收音机、黑白电视机等。随着旅游业的发展，当地牛羊肉开始对外销售，F 家庭增加了牛羊的喂养，2012 年有 10 只羊、1 匹马、2 头猪，家中增加了彩色电视机、电饭锅、手机、洗衣机和冰箱等家庭耐用品。

金融资本。F 家庭 2017 年总收入约为 6.3 万元，其中农家乐住宿收入约为 1.8 万元，餐饮收入约 2.3 万元，牵马收入 2 万元，其他收入 0.2 万元；年支出为 6 万元，基本无文化娱乐消费支出。2008 年，F 家庭年总收入为 1.4 万元，年支出基本等同于年收入，年底无剩余。2012 年，F 家庭摸索着参与到旅游发展中，年收入达到了 3.8 万元，其中农家乐住宿收入 1.5 万元，餐饮收入 1.2 万元，牵马收入 0.1 万元，其他收入 1 万元；年支出为 3.1 万元，文化娱乐消费支出 0.1 万元。

社会资本。2017 年 F 的固话和手机通信费为 58 元，亲戚中有 1 人是村干部，农村合作医疗费用为每人 180 元，农村养老保险费用每人 100 元，项目决策村民参与率达到 85%，工作人员与贫困村民一年交流 8 次左右。2008 年，F 的固话和手机通信费仅为 10 元，农村合作医疗费用每人 10 元，农村养老保险费每人 100 元，项目决策村民参与率仅为 10%，扶贫工作人员与扶贫户一年交流 1 次。2012 年，F 固话和手机通信费为 28 元，农村合作医疗费用 50 元，农村养老保险费用每人 100 元，项目决策村民参与率上升到了 45%。

4.2.3 研究讨论

4.2.3.1 贫困村民分析

（1）相同点。调查中发现，目前扎尕那村村民的收入已有所提高，生活条件有了一定程度的改善，面临的生存贫困问题也得到有效解决。在扎尕那尚未发展旅游之前，贫困村民拥有的牛羊、藏香猪数量很少，仅够维持日常食物所需，马匹更是少之又少；每年的农牧业收入 1.2 万 ~2 万元，总支出基本等于总收入，负担家中日常开销和小孩的学费后，年底家中都无富余，基本无娱乐消费支出，家人更是连病都生不起；通信的发展，即使是贫困村民家中也安装有固定电话或者拥有普通手机，与外界联系较少，仅用于亲戚之间的相互问候，每月电话消费基本都是最低月租套餐 10 元；农村合作医疗费用按照国家统一标准进行缴纳，吃药可以报销，而农村养老保险费用方面，贫困村民则大多缴纳国家规定的最低标准 100 元。

2012 年，旅游扶贫攻坚工作逐步开展，贫困村民没有资金支持，无法修建农家乐，为了从旅游发展中获益，他们将自家房屋进行简单装饰开始接待游客，并将扎尕那村特色的食物用来招待，从而获得住宿收入和餐饮收入。此外，贫困村民将自己家马匹装扮一番后开始牵马赚得收入，有的还将自家喂养的牛羊进行食品加工，对外销售给游客。由于家中贫困，没有小轿车，都无法获得运输收入。虽然贫困村民从中获益不是很高，但其年收入总体上还是提高了，甚至在年底会有少量的资金用来娱乐消费，这在以前是不存在的。游客的逐渐增多，村民与游客之间慢慢建立了固定联系，通信费用也较之前有所增加，农村合作医疗费用仍旧按照国家统一标准进行缴纳，而农村养老保险费用方面，贫困村民仍缴纳国家规定的最低标准 100 元。

近些年扎尕那景区旅游业发展迅速，扎尕那村村民更好地参与到了当地发展中。村民积极参与到旅游发展中，增加牛羊的喂养数量，对外销售特产这一项收入增加很多，2017 年贫困村民的年收入是 5 年前收入的 2~3 倍，生活水平大大提高，但随着收入的增多，贫困家庭中小孩上学的花销也逐渐增加，甚至有的家庭家人生病需要负担昂贵的医药费。因此在收入增加后，家中房屋进行了翻修，由以前的砖木结构房屋变成了性能更好的砖混结构房屋，家中添置了电饭锅、洗衣机、宽带、彩色电视机等耐用品，年底剩余资金少。

（2）不同点。三户贫困家庭在扎尕那旅游发展过程中均有获益，但是家中仍是总支出与总收入持衡，其生活水平并没有大幅度提高。他们的家庭情况有所类似，但贫困的原因却不尽相同。

D 家庭无老人，无须支付赡养老人费用，相对其他两个家庭少了一部分负担。家中三个小孩在上学，女儿大学期间申请了助学贷款，两个儿子分别在上高三和小学二年级，虽然现在义务教育已经普及，但是村中无小学，在迭部县求学还是需要支付一定的住宿费和伙食费。再加上男主人患有疾病，为了省钱现已在家吃药休养，月医药费近 2000 元。D 家庭近几年的收入相比较 5 年前翻倍增加，从我们的调查数据来看，其家庭现年收入6万元左右，在村中收入不算最低，其生活困苦的原因是医药费和学杂费，且D家庭属于低保救济户。

E家庭家中有老人需要赡养，两个孩子分别在上小学和初中，2008年的时候其年总收入1.2万元，现年收入是以前的3倍左右，总体上较之前的生活水平有所提高。同D家庭相比，家中牛羊数量所差不多，只是2012年发展农家乐接待游客后，无多余劳动力去景区牵马赚钱，遂将马匹卖给了他人，专心在家经营自家的农家乐。

F家庭同样有两位年长老人需要照料，三个孩子已经超过了20岁，但都是初中学历，无高学历人才。此家庭自2008年到现在不曾喂养过牦牛，只喂养了成本价较低的羊群。家中劳动力相对较多，在经营农家乐后购买了两匹马，在牵马收入方面略高于前两个家庭。现年收入与D家庭差不多，在6万元左右，且家人都身体健康，但家中有两个儿子，以后面临着巨大压力，现家中房屋需要修缮，家具、家电也需购买，这都是一笔不小的支出，因此也列入了贫困户范畴。

4.2.3.2 富裕村民分析

（1）相同点。同样调查中发现，目前扎尕那村村民富裕村民的收入已有很大的提高，生活条件发生了翻天覆地的变化，面临的生存贫困问题也得到了解决。在扎尕那尚未发展旅游之前，富裕村民拥有的牛羊、马匹、藏香猪数量很多，除了维持日常食物所需外，还有多余的牛羊可以卖钱；每年的农牧业收入3万~3.5万元，虽然较贫困村民收入还是很高的，但其总支出基本等于总收入，负担家中日常开销和小孩的学费后，年底家中也无富余，基本无娱乐消费支出；通信的发展，富裕村民家中基本安装有固定电话甚至拥有普通手机，因为家中牛羊较多，生活过得不是特别紧张，日常的通信费用在30元左右；农村合作医疗费用按照国家统一标准进行缴纳，吃药可以报销，在农村养老保险费用方面，富裕村民也大多缴纳国家规定的最低标准100元。

2012年，旅游扶贫攻坚工作逐步开展，富裕村民家中牛羊较多，他们将牛羊变卖，获得了资金支持开始修建农家乐，并为游客提供具有当地特色的食物，从旅游发展中获益。此外，富裕村民将自己家马匹装扮一番后开始牵马赚得收入，有的还将自家喂养的牛羊进行食品加工，对外销售给游客。有的家中还有小汽车，开始通过跑运输，接送客人来获得另一份收入。由于扎尕那村处于旅游的起步阶段，富裕村民从旅游中获益也不是很高，但总体上年收入还是增加的，在年底也会有少量的资金用来娱乐消费，这在以前是不存在的。游客的逐渐增多，村民与游客之间慢慢建立了固定联系，通信费用也较之前有所增加，农村合作医疗费用仍旧按照国家统一标准进行缴纳，而农村养老保险费用方面，富裕村民仍缴纳国家规定的最低标准 100 元。

近些年扎尕那景区旅游业发展迅速，扎尕那村村民更好地参与到了当地发展中。富裕村民积极参与到旅游发展中，将大批牛羊对外销售，利用所得资金修建设备更加齐全的农家乐；家中劳动力多的家庭，仍然有专人到景区牵马获得另一部分收入。2017 年富裕村民的年收入是 5 年前的 20 倍以上，生活水平大大提高，与此同时，家中的年支出也由之前的 10 万元左右上升到了 100 万元左右，其中包含每年的农家乐维修建设费用。收入增多的同时，富裕家庭对外界的了解也逐渐增加，视野变得开阔，每年用于娱乐消费的支出也慢慢多了起来，家中电器更是一应俱全，空调、高压锅、微波炉、电脑等现代化耐用品每个富裕家中都已购置。

（2）不同点。富裕家庭拥有雄厚资金支持，都修建有设施条件很好的农家乐，在扎尕那旅游发展过程中均获益很多，他们的生活条件有了很大的改善，娱乐消费方面的支出也有很大提高，但他们家庭情况、酒店经营状况以及收入来源都不尽相同。

A 家庭自 2008 年以来到现在，家中只喂养了牦牛，从未曾喂养过羊群，后期的资金全来源于牦牛，到现在家中牛羊已经全部销售；B 家庭则喂养上百只羊羔，牦牛数量 10 头左右，开展农家乐之后，家中牛羊也全部销售了出去；C 家庭牛羊喂养数量与 B 家庭相似，不同的是，C 家庭现在并未将牛羊全部销售，甚至每年都会增加喂养牛羊的数量，以将肉类食品加工后卖给游客，从中获取利润。

三户富裕家庭中，A家庭现在农家乐规模小于其他两个家庭，由于他还有景区饭店、生活超市等产业，年总收入却高于C家庭；B家庭的农家乐规模最大，有50间标准客房，容纳住宿的游客最多，年总收入高于C家庭；C家庭因为位于二村，所以即使其住宿条件不差于B家庭，入住率还是低于B家庭的；在受教育程度方面，B、C家庭的整体教育水平高于A家庭，家中高中以上学历的人数占到家中总人数的一半左右。

4.2.3.3 贫富村民比较分析

（1）相同点。通过对调查后的数据整理可知，物质资本方面，在旅游业发展之前，扎尕那村村民居住的房屋大多是承重结构墙采用砖砌筑、屋架用木结构共同构筑的砖木结构房屋，且扎尕那村用电已经普及，但是自来水尚未接通，也几乎没有村民家中安装宽带；喂养的牲畜中基本以牛羊为主，可以供应他们的日常食物所需，或者运用于农耕，多余的还可以买卖赚钱，因此喂养的马匹和藏香猪数量较少。金融资本方面，扎尕那村村民年收入均在1.5万~3万元，收入来源大多为青稞种植和牛羊喂养，年总收入基本等于年支出，村民的收入基本只能维持日常生活支出，年底无余款，加之扎尕那村交通不便，没有公交通行，因此也没有多余的资金进行娱乐消费；旅游业的发展和旅游扶贫措施的实施，使得扎尕那村村民均从中受益，家中收入来源渠道增加，年总收入额增长迅速，旅游扶贫初见成效。社会资本方面，2008年手机还尚未普及，贫困家庭家中只安装了固定电话，月通信消费较低；农村养老保险费用都是100元，这是国家最低标准，农村合作医疗费用缴纳也有统一标准；2008年，扎尕那村旅游业尚未发展，村子没有集中项目需要探讨，因此项目决策村民参与率仅为10%，2012年，扎尕那村旅游业开始发展，加上村子比较贫困，政府扶持项目逐渐增加，需要村民的共同参与，此时项目决策村民参与率达到了45%，近几年扎尕那景区旅游业迅猛发展，旅游热达到了巅峰，项目决策村民参与率上升到了85%，村民参与到扎尕那旅游的程度大大提高。

总的来说，旅游业发展后，为当地村民带来了许多正面效应，最为明显的就是收入来源的增多，年总收入的翻倍增长，家中电器的增添，网络的普及，村民逐渐实现了现代化。与此同时，在对问卷和访谈进行整理后，不难发现旅游扶贫取得成效的同时，也带来了一些负面效应，最为明显的就是村民之间贫富差距的拉大（见表 4–2）。

表 4–2　扎尕那村旅游发展前后 10 年贫富村民实际情况对比

维度 \ 年份		2008		2012		2017	
		贫	富	贫	富	贫	富
物质资本	家庭住房结构	（1）	（1）	（1）	（2）	（1）	（2）
	牛数量	1	50	2	33	1	30
	羊数量	5	100	9	150	15	28
	马数量	1	1	1	2	2	2
	猪数量	2	3	4	2	5	3
	宽带	无	无	无	有	有	有
	自来水	无	无	有	有	有	有
	电	有	有	有	有	有	有
金融资本（万元）	农家乐住宿收入	0	0	1.8	4	2	73
	农家乐餐饮收入	0	0	1.2	5	2.4	140
	牵马收入	0	0	0.3	0.5	0.7	1.3
	运输收入	0	0	0	0.5	0	2
	其他收入	1.5	3.1	0.2	0	0.3	0
	年收入	1.5	3.1	3.5	10	5.4	216.3
	年支出	1.5	3.1	3.2	8	6.1	110
	文化娱乐消费支出	0.1	0.2	0.3	1.3	0.1	8
社会资本	固话和手机通信费（元）	10	28	28	110	58	178
	亲戚中村干部或者公务员的数量	1	3	1	3	1	3

维度 \ 年份		2008		2012		2017	
		贫	富	贫	富	贫	富
社会资本	是否为低保救济户	否	否	是	否	是	否
	农村养老保险费用（元）	100	100	100	100	100	500
	农村合作医疗费用（元）	10	10	50	50	180	180
	项目决策村民参与率（%）	10	10	45	45	85	85
	扶贫工作人员与贫困户交流次数/年	1	1	3	3	8	8

家庭住房结构：（1）传统结构（墙体材料为木、竹、草）；（2）砖混结构（墙体材料为砖石）；（3）钢混结构（墙体材料为钢筋混凝土）。

（2）不同点。随着全球旅游业的不断兴起，扎尕那景区的旅游业也开始快速发展。通过从社会资本、金融资本、物质资本三个维度对贫富村民进行调查分析可知，旅游扶贫工作的开展有了一定的成效，当地村民直接或者间接地从旅游发展中受益。然而，民族地区旅游扶贫在带来正面效应的同时，也带来了一定的负面效应，其中较为明显的就是贫富差距的拉大。由于选取的 6 个个案中，贫困和富裕村民的实际情况基本类似，为了便于更好地对扶贫效应进行研究，将采取均值来对贫困村民和富裕村民的具体情况进行对比，来验证旅游扶贫在带动当地经济发展的同时，也拉大了他们之间贫富差距，带来了一些负面效应。

①物质资本维度上表现的差异。从表 4–3 可以看出，在物质资本方面，旅游业发展之前，扎尕那村村民住的基本都是传统的木结构房屋，而且基本没有家庭安装宽带网，基本的信息来源都是通过收音机和电视机来获得。随着旅游业的发展，富裕村民开始修建现代式砖混房屋，并且安装了无线宽带，扩宽了了解外界世界的渠道，可以通过了解国家相应政策来更好地发展。而贫困村民仍旧居住在原来的房屋，也没有安装无线。2008 年扎尕那村用电已经普及，2012 年的时候基本家家户户都用上了自来水，可以看出村民在电和水这两个物质资本方面是处于相同步伐的。由于扎尕那村的主要收入来源为畜牧业，选取了牛、马、羊和猪的数量来对旅游扶

贫的实际效应进行比较，通过贫富村民拥有的牲畜数量来看，2012 年旅游业发展之前，富裕村民与贫穷村民拥有的牛羊数量差距较大，马和猪的数量差不多，随着旅游的兴起，富裕村民将自己拥有的牛羊进行了变卖，其资金用作农家乐的修建，开始加入旅游业发展行列。因为贫困村民自身资产较少，负担不起农家乐的修建，则只能通过其他渠道，如牵马、卖当地特产、跑出租等形式来参与到旅游的发展中去。

表 4-3　扎尕那村 2008—2017 年贫富村民的物质资本对比

指标＼年份	2008		2012		2017	
	贫	富	贫	富	贫	富
家庭住房结构	（1）	（1）	（1）	（2）	（1）	（2）
牛数量	1	50	2	33	1	30
羊数量	5	100	9	150	15	28
马数量	1	1	1	2	2	2
猪数量	2	3	4	2	5	3
有无宽带	无	无	无	有	有	有
有无自来水	无	无	有	有	有	有
有无电	有	有	有	有	有	有

家庭住房结构：（1）传统结构（墙体材料为木、竹、草）；（2）砖混结构（墙体材料为砖石）；（3）钢混结构（墙体材料为钢筋混凝土）。

除了家庭住房、家中牲畜数量、自来水、宽带、电等指标，还选取了 18 个家庭耐用品指标进行调查，分别是收音机（录音机）、录像机、黑白电视机、彩色电视机、电话、洗衣机、冰箱、电扇、空调、计算机（电脑）、微波炉、缝纫机、电饭煲、手机、DVD/VCD、宽带、照相机、高压锅。调查发现，2008 年，扎尕那村富裕村民家大多有收音机、黑白电视机、电扇、缝纫机、电话、DVD/VCD 等家庭耐用品，贫困村民家只有收音机、电扇等家庭耐用品。2012 年，扎尕那村旅游业刚开始起步，富裕村民中增添了彩色电视机、洗衣机、电饭煲、手机、宽带等家庭耐用品，贫困村民则几乎只增加了手机这一通信工具。直到2017年，富裕村民家中大多拥有所有的家庭耐用品，家中条件基本实现了现代化，贫困村民家中和5年前基本一样，有个别家庭安装上了宽带，用上了彩色电视机。扎尕那村旅游业发展前后10年，富裕家庭和贫困家庭家中拥有的耐用品资产种类和数量上还是有很大差距的。在旅游业发展之前，可能他们家中就是有无电视机、DCD/VCD、宽带的差别，而现在富裕村民因为拥有足够的资产，他们参与旅游活动的程度就高，获取的收入也很高。反之，贫困村民获取的收益则远远低于富裕村民。综上所述，扎尕那村旅游业的发展虽然实现了名义上的共同富裕，但实际上更是拉大了当地之间的贫富差距。

②金融资本维度上表现的差异。从表4–4中可以看出，首先，收入方面，旅游业发展前后10年，富裕和贫困村民之间的收入差距在逐渐拉大。2008年，当地村民的经济来源主要是粮食作物和喂养牲畜，一年的收入差距在1万元左右；2012年，扎尕那村旅游业兴起，富裕村民更早地参与到了旅游发展中，由于旅游刚刚起步，他们经营农家乐、牵马和跑运输的收入也不是特别高，但年收入较2008年还是有了很大提升，贫困村民因为没有足够资金参与到旅游中，其年收入与5年前相比几乎没有变化；2017年扎尕那村旅游业已经发展得如火如荼，富裕村民通过变卖牛羊等资产获取资金，积极地修建、修缮农家乐更好地融入到了旅游业发展中，为了增加收入，家中的马匹并没有变卖，反而会有向别人购买的行为，贫困村民因为没有强厚的资金支持，只能依靠牵马、售卖当地土特产的方式参与到旅游活动中赚取收益。贫穷家庭没有资金购买汽车，无法通过跑运输来增加收入，而富裕村民则没有闲暇时间来赚取运输收入，因此2017年无论是贫穷家庭还是富裕家庭基本都没有参加到运输活动中。其次，支出方面，2008年贫困和富裕家庭基本都处于支出和收入相等的状态，一年的经济收入仅够维持日常开销，家中资金年底无剩余，且基本无文化娱乐消费方面的花费；2012年，富裕村民通过参与到旅游中，随着收入的小幅增加，他们在家中添置了彩色电视机、洗衣机、电饭煲、手机、宽带等家庭耐用品，当年的家庭支出也随之增加，文化娱乐消费所占比重也有

了提高，贫困村民年支出和年收入基本持平，仍然基本没有文化娱乐消费支出；2017 年，富裕和贫困村民之间的支出就远远拉大了，富裕村民的年收入达到了百万元以上，年支出也超过了 50 万元，但是年支出占比年收入较之前下降，贫困村民的年支出开始小于年收入，年底家中有了剩余资金，可见旅游的发展带动了扎尕那村村民收入的增加，同时，村民之间的贫富差距也逐渐拉大了。

表 4-4　扎尕那村 2008—2017 年贫富村民的金融资本对比

年份 指标（万元）	2008		2012		2017	
	贫	富	贫	富	贫	富
农家乐收入	0	0	3	9	4.4	213
牵马收入	0	0	0.3	0.5	0.7	1.3
运输收入	0	0	0	0.5	0	2
其他收入	1.5	3.1	0.2	0	0.3	0
年收入	1.5	3.1	3.5	10	5.4	216.3
年支出	1.5	3.1	3.2	8	6.1	110
文化娱乐消费支出	0.1	0.2	0.3	1.3	0.1	8

从图 4-1 可以看出，2012 年以前，富裕村民的支出和收入基本都是贫困村民的 3 倍左右，而随着旅游业的开展，富裕村民因为拥有雄厚的资金支持，更好地参与到了旅游中去，从而获得了很高的收入，贫困村民则维持现状，或者参与一些投入资本、风险、盈利都较少的旅游活动中，这导致村民之间的贫富差距被进一步拉大。

③社会资本维度上表现的差异。从表 4-5 可以看出，在社会资本维度下，贫富村民的固话和手机通信费中联系游客的费用增长幅度还是比较明显的，旅游发展起来后，村民的对外联系的次数也逐渐增加。项目决策村民参与率、农村合作医疗指标方面，贫富村民几乎都是位于同一步伐的。

农村养老保险费用方面，2008 年贫富村民所交费用基本相同，旅游业发展之后，富裕村民剩余资金增加，缴纳的养老保险费用也随之增多，逐渐超过了贫困村民所缴纳的费用。扶贫工作的开展，加大了扶贫工作人员与贫困户的交流次数，从 2008 年的一年交流 1 次左右，逐渐增加到了年交流次数为 8 次。从调查数据来看，三户贫困村民几乎都为村子的低保救济户，每年的收入来源基本依靠低保金以及村子的门票分红和牵马。从以上分析可知，扶贫工作的开展，带动了扎尕那旅游业的发展，富裕村民通过旅游业的发展获益更多，其收入增速远高于贫困村民。

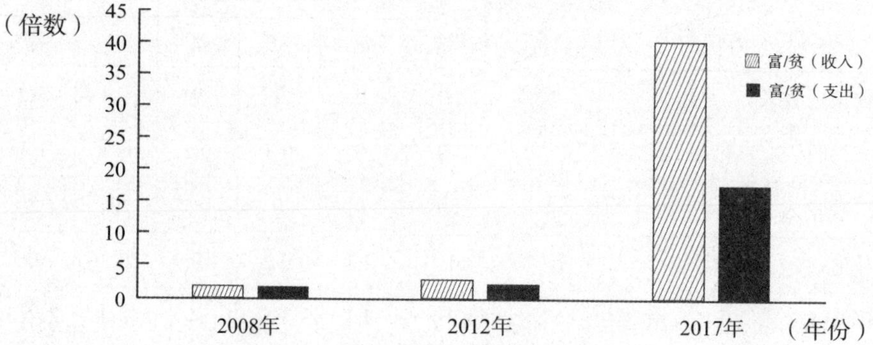

图4-1 扎尕那村贫富家庭收入支出对比

表 4-5 扎尕那村 2008—2017 年贫富村民的社会资本对比

指标 \ 年份	2008		2012		2017	
	贫	富	贫	富	贫	富
固话和手机通信费（元）	10	28	28	110	58	178
亲戚中村干部或公务员的数量	1	3	1	3	1	3
项目决策村民参与率（%）	10	10	45	45	85	85
农村合作医疗费用（元）	10	10	50	50	180	180
农村养老保险费用（元）	100	100	100	100	100	500
扶贫工作人员与贫困户交流次数/年	1	1	3	3	8	8
是否为低保救济户	否	否	是	否	是	否

4.2.4 问题归因

4.2.4.1 研究方法

随着旅游扶贫开发的逐渐深入，目前扎尕那村村民的收入都有所提高，生活条件有了一定程度的改善，面临的生存贫困问题也得到了较大幅度的解决。但是受自身条件的限制，存在着部分农牧民没有完全参与到旅游发展中的现象，依然受到来自教育、经济以及健康等多方面的困扰，而这些问题则有待在旅游扶贫开发中进一步解决。通过上文研究发现，甘南藏族自治州扎尕那旅游当中普通居民获利是很比较少的。扎尕那景区自开放以来，从未收取门票费用，只收取 10 元的环境保护费。费用由专人收取后全部集中起来用于景区的设施建设，只有年底有剩余后才会分给村民，近几年村民才获得了门票分红，一年下来每户村民大概得到了 1 万元左右，这样每一户得到的收益就很少。虽然扎尕那整体旅游效益较好，但贫困人口获利并不多。有学者对扎尕那做过研究，他们发现景区整体收入有所提高，但提高的是主要经营农家乐的村民和售卖当地特产的村民，没有直接参与到旅游开发的村民收入并没有多大的改善，这也就造成村民之间的收入差距越来越大。

通过问卷调查，我们可以看出旅游扶贫确实拉大了贫富差距，且造成此现象的原因也粗略地体现了出来。为找出造成此一现象的原因，本研究在问卷调查后运用扎根理论这一质性研究方法进一步深入分析。

扎根理论是 Anselm Strauss 和 Barney Glaser 两位哥伦比亚大学学者共同提出的一种研究方法。其主旨在于从原始资料中归纳出经验概括，并建立理论的定性研究方法。这说明在研究之前是没有假设的，是通过资料的归纳分析得出的结论。

在获得大量一手资料的基础上，根据扎根理论研究方法步骤，对资料进行以下几个步骤的分析、归纳、整理：将收集到的大量有关扎尕那村旅游扶贫效应的资料分类整理，对每条原始资料中有关旅游的部分进行初步概念化、范畴化，将通俗语言向精练、理论性语言转变（开放性译码）；

通过对扎尕那村的原始资料进行一定程度的抽象和提炼后，得出的范畴看似是相对独立的，再对这些范畴之间的关系进行挖掘、分析，将被分解的资料重新整合（主轴译码）；根据主轴译码得出的范畴之间的联系，重新审定全部范畴，剔除次要范畴并补充（选择性译码）；把各个范畴的类别当成贫富差距拉大的影响因素，得到在不同方面上的各影响因子的关系，构建扎尕那村旅游扶贫负效应——贫富差距拉大的影响因素雏形。

为保证结论的准确性，本研究采用目的抽样方法，在调查了扎尕那村6户最为贫困和最为富裕的村民后，在村中又随机选取调查者。扎根理论分析研究先不具体确定访谈人数，一般是10~16个，而人数确定的方法是受访者的增加已经不能提供新的有用信息，在访问到第11位和12位村民后，发现需要了解的信息已经齐全，访谈结束。

4.2.4.2 研究程序

（1）开放式编码。一级编码过程包含3个步骤：①标签化，将原始资料中含有实意的句子提取，对这些句子提取编码要素，并进行通俗化语言向精练化语言的转变，形成初步概念；②概念化，对标签进行分析和筛选，把同一类属的聚集起来，分析它们之间的联系，形成属于同一范畴的概念；③范畴化，对概念进一步抽象并命名。以下把摘取的部分受访者的初始编码过程进行展现：

访谈时间：2018年7月16日	编号：A

访谈摘录：

我觉得现在大家的生活条件还是提高了（a1），那会儿景区没有开发的时候，我们就养牛啊、羊啊，还有猪呀，也种青稞，一年也挣不了多少钱（a2），那些家里老人年纪大了的（a3），一年家里的收入就更少了。现在景区也开起来了，我们家里劳力多的（a4），就修农家乐啊，牵马啊，或者卖我们藏族的青稞酒啊（a5），家里一年比一年挣得多了（a6）。

我们村的一些有钱的人（a7），有的亲戚是村干部（a8），或者跟我们的村干部呀关系好（a9），再加上人家上过学，有文化（a10），见识多（a11），以前的时候就想着怎么挣钱（a12），早早地就挣了大钱了。不过后来修农家乐的越来越多了

（a13），像三村离得远（a14），路也不好走（a15），也都没怎么挣上钱。这几年哇，政府也是关注我们景区的发展（a16），经常来给我们培训啊（a17），告诉我们一些开农家乐要注意点什么，怎么经营好我们的农家乐（a18），让更多的人都来我们这儿来。但是要是说的话，这旅游的发展也引出了好多问题，人家有钱的开农家乐挣钱呢，越挣越多，那没钱的人哇，又没有一技之长（a19），有的家里还都是老人小孩儿（a20），就没有挣多少，光看着有钱的人越来越有钱了。不过也有的穷的人干啥都不积极（a21），自己不想着法儿去景区挣钱，或者就是每天晃晃悠悠，自己也不想想有啥能挣钱的，光想着年底村里靠得分红活呢（a22）。

而且我们这老百姓，家里没有在村里是干部的，有时候政府有什么政策也不知道（a23），村里的干部也不跟我们说（a24），我们就只能听到什么消息了就自己想办法挣钱呀（a25），有时候哇，还怕听见的不对（a26），或者听说的东西也不知道长不长久（a27），怕白干了呢。所以说家里有村里干部的还是好，人家知道能干什么，不能干什么，不像我们只能摸着自己干，干好了就可能挣上钱了，干不好就赔光光了。

……

贴标签：

a1：生活条件提高
a2：一年收入较少
a3：家中老人多
a4：劳动力多
a5：参与到旅游中的方法
a6：收入越来越多
a7：家庭条件好的
a8：亲戚是村干部
a9：与村干部关系好
a10：有文化
a11：有见识
a12：以前就有想法
a13：农家乐数量增加
a14：距离景区远
a15：道路设施不好
a16：政府关注度高
a17：培训
a18：如何经营农家乐
a19：有无技术
a20：家中老弱较多
a21：自身工作态度
a22：靠村中接济
……

概念化：
A1：经济状况（a1，a2，a6，a7……）
A2：年龄（a3，a20……）
A3：劳动力（a4……）
A4：从业技能（a5，a11，a19……）
A5：社会关系（a8，a9……）
A6：文化水平（a10……）
A7：主动性（a12，a13，a21，a22……）
A8：地理位置（a14，a15……）
A9：政府政策（a16，a17，a18……）
……

概念化	范畴化：一级编码
年收入	资金能力
老人	年龄
小孩	
中青年	
中青年人数多	劳动力
老弱人数多	
参与到旅游的方法	从业技能
有见识	
有技术	
亲戚是村干部	社会关系
与村干部关系亲近	
与其他领导关系亲近	
文化程度高低	受教育水平
有想法	主动性
农家乐数量增加	
自身工作态度	
靠村中接济	
农家乐地理位置	家距景区距离
道路设施	

家庭人口多	家庭人口总数
孤寡老人	
村民均可参与	政策公平性
仅少数人可参与	
政策条例程序化	政策程序化与变动
住房补贴款额不一样	
住房建设面积限制变动	
政府公布	信息获取
村干部传递	
村民自主经营	经营权
对外出租	
政府补贴	外来投资消费
外来企业投资	
贴息贷款的利息补贴	政府承诺兑现
住房补贴到位	
政策认知度低	政策认知
政策的曲解认知	
村中培训	教育培训
政府培训	
精准扶贫	扶贫资金的运用
形式扶贫	
仅村干部知晓	政策透明度
村民都知晓	
积极参加	参与意愿
不参加	
农家乐、牵马等都参加	参与程度
仅售卖特产	

（2）选择性编码。考虑到初始范畴的意义比较广泛，范畴与范畴之间的相互关系模糊，因此需要进一步将初始范畴放回原始资料中，对原始网络评论资料进行分析。研究情景和研究对象，再透彻分析各个范畴的性质，最后进行比较并归类，对“扎尕那村村民的贫富差距拉大的影响因素”的初始范畴加以综合分析，最终形成农户条件、自身投入、政策环境、外部环境4个主范畴，这4个主范畴将“扎尕那村村民的贫富差距拉大的影响因素”的初始范畴概括到一个较为宽泛的范围之内。例如，主范畴之一的农户条件包括资金能力、从业技能、社会关系、受教育水平、劳动力、家距景区距离、年龄、家庭人口总数8项初始范畴，该8项因素间接地影响着民族地区乡村旅游扶贫的效应。

（3）理论性编码。在经过开放性编码和选择性编码分析后，其得出的主要范畴大体上涵盖“扎尕那村村民的贫富差距拉大的影响因素”的全部必备要素，进入最后一个阶段的理论构建。在这一阶段，主范畴与主范畴之间的关系已经形成了比较清晰的脉络并逐渐显现出来，本研究由此构建一个由“农户条件—自身投入—政策环境—外部环境”四个维度构成的民族地区乡村旅游扶贫效应的影响因素框架。此框架的主要内涵是贫富差距的拉大受农户自身问题和外部问题两方面的影响，其中农户自身问题包括农户的自身条件和投入两个因素，外部问题包含外部环境与政策环境两个因素。资金能力、从业技能、社会关系、受教育水平、劳动力、家距景区距离、年龄、家庭人口总数反映了农户的家庭条件，参与意愿、参与程度、政策认知、主动性是农户自身在旅游业发展中的投入状况，而在民族地区乡村旅游发展过程中，影响农户收入的政策因素主要有政策公平性、政策透明度、政策承诺兑现、扶贫资金的运用、政策程序化与变动、教育培训等方面，除此之外，外来投资消费、经营权和信息获取等外部环境也是影响村民贫富差距的另一要素（见表4-6）。

表4-6　贫富差距拉大的影响因素编码

三级编码	二级编码	一级编码	编码来源
影响因素	农户条件	资金能力	村民A、村民H、村民I、村民K
		从业技能	村民E、村民K、村民L
		社会关系	村民A、村民B、村民F、村民J、村民K
		受教育水平	村民A、村民C、村民F
		劳动力	村民A、村民E、村民G、村民H
		家距景区距离	村民G、村民H
		年龄	村民B、村民F、村民J
		家庭人口总数	村民A、村民C、村民K
	自身投入	参与意愿	村民B、村民L
		参与程度	村民A、村民E、村民F、村民H、村民I
		政策认知	村民B、村民F、村民G、村民H、村民I、村民L
		主动性	村民A、村民L、村民J
	政策环境	政策公平性	村民B、村民E、村民F、村民G、村民H、村民I、村民L
		政策透明度	村民A、村民B、村民C、村民G、村民K
		政策承诺兑现	村民F、村民J、村民K
		扶贫资金的运用	村民C、村民E、村民H、村民J、村民L
		政策程序化与变动	村民B、村民H
		教育培训	村民A、村民C
	外部环境	外来投资消费	村民C、村民H
		经营权	村民A、村民L
		信息获取	村民D、村民F、村民J

根据扎根访谈资料分析的结果，我们得出扎尕那村村民贫富差距拉大的4个影响因子：农户条件、自身投入、政策环境、外部环境。

4.2.4.3 影响因素

（1）农户条件。农户条件是指旅游扶贫对象在脱贫过程前自身所具备的资金、技能等方面的条件，具体包括资金能力、从业技能、社会关系、受教育水平、劳动力、家距景区距离、年龄、家庭人口总数8个因素。

受地理位置的影响，民族地区受教育水平普遍较低。在问卷中可以直观地看出，受访的6个家庭共有37人，其中教育水平为高中及以上的共有10人，占样本总体的27%，小学及以下的有19人，占比总体的51%。总体上，扎尕那村被访者的受教育水平还是较低的。且贫困村民中大学学历的仅有1人，高中学历的有1人，富裕村民中大学学历的有3人，高中学历的有5人。相比而言，富裕村民的总体教育水平高于贫困村民。由此不难看出，受教育水平整体较低的现状已成为制约扎尕那村村民摆脱贫困的主要原因之一。此外，家庭的总人口数量、家庭成员的年龄以及劳动力的数量都影响其参与旅游活动的方式和家庭的年收入。农户中年轻劳动力越多，其参与旅游业发展的渠道越多，可以快速实现脱贫。反之，若农户中老年和幼小者较多，劳动力较少，则其家庭从旅游中获益就会较低。

经过调查可以发现，农家乐与景区之间的距离的远近和旅游收入之间成正比关系，即农家乐距离景区越近，家庭脱离贫困的概率就越高。因为扎尕那村部分家庭距离景区较近，在信息的获取及旅游资源方面比距离景区较远的家庭拥有更多的优先权，因此收入水平较高。比如A家庭的农家乐修建在进村的宽阔水泥马路旁边，且标志明显，从而吸引了大批游客，其农家乐的居住率远高于其他农家乐。

此外，自扎尕那景区旅游发展起来后，当地村民逐渐开始参与旅游发展之中，开始修建农家乐、售卖土特产等。但是这些都需要资金支持，而扎尕那村村民因为缺少资金技术，且家中社会关系简单，无法及时获取有关信息，则没有参与到旅游发展中。通过深度访谈我们得知，贫困村民认为他们致贫的首要原因缺少资金，次要原因是没有技术，还有一部分原因是缺少熟悉的政府或者村委干部，没法实时了解当地有关的政策。而富裕村民拥有的牛羊数量较多，适当地变卖牛羊为他们带来一定的资金支持，参与到旅游业中使其财富逐渐增加。反之，家中有牛羊的贫困村民，为了参与旅游也将牛羊变卖，但资金和自身能力有限，农家乐的简易修建并未为家庭带来预期的收入，却使得家庭更加贫穷。以上可以看出，富裕家庭在一开始条件就优于贫困家庭，此后贫困家庭参与到扎尕那景区发展中则越发困难。

（2）自身投入。自身投入是指旅游扶贫对象本身在脱贫工作中行为、情感、认知方面主动倾注的程度。通过研究我们可以发现，有些贫困村民在扶贫工作中的主动性不是很强，有相当一部分村民是不太愿意参与其中的。旅游扶贫对象自我投入具体表现是：参与意愿、参与程度、政策认知和主动性。

从访谈中可以发现，当地村民对国家的一些扶贫政策不了解，有的还不知道国家有相关政策，这种状况会导致扶贫的成效受到影响。村民对政策的实施如果都不了解的话，就无法参与到扶贫工作中，而这就违背了扶贫政策的最初目的，工作实施的意义就不存在了。

在访谈过程中，我们发现村民的主动性低可以分为两种。第一种是村民不自己去想办法解决，而是在家怨天尤人，也不向村委会的领导去反映实际情况，实际问题解决不了，他们就充满愤世嫉俗的感觉。另一种是村民被迫参与到旅游发展过程中，但由于他们不是自愿的，因此就没有自觉性，干活不积极，必须有人告诉他们具体去做什么，从来不会自己想点子，主动参与到旅游中去获得收益，改善自家的生活状况，从而摆脱贫困，走出贫穷。贫困村民不愿意参与到旅游发展中去实现脱贫，或者有的村民仅仅参加村中的集体活动，靠年底分红来获得收入，不愿意通过其他渠道获得收入。

（3）政策环境。旅游扶贫工作是以政府为主导开展的，其成效受政策的影响较大。若政策符合当地实际情况且可实施性较强，则会对当地的乡村旅游扶贫工作带来一定的作用。为贫困地区旅游的发展提供适当的资金支持、税收优惠、免息贷款等，能促使当地村民开展旅游活动，从旅游中获取收入来实现脱贫，体现旅游扶贫工作的实际效应。现各地都有相应的政策出台，为扶贫任务的完成提供保障。政策的公平性、透明度以及政策的承诺兑现程度至关重要，关系到贫困村民是否能在政府帮扶下实现真正意义上的脱贫。扎尕那村村民在扶贫工作开展过程中获得贴息贷款、住房补贴等，为农家乐的修建和旅游工作的开展带来了实际的好处。

（4）外部环境。扶贫工作开展过程中，外来投资是必不可少的一部分。外来投资的参与促进了工作的开展，与此同时也带来了一些弊端。因为外来投资者具有较多的资金以及丰富的经验，他们能较快融入旅游发展中并从中获得收益，这就对当地想要参与到旅游中的村民造成了一定的威胁。以墨西哥的海滨度假地胡阿图拉为例，在胡阿图拉开发之后，大量的外地和城里的商人进入了度假地，他们抢占了当地好的位置，开始他们的经营活动。他们在经商方面的经验以及庞大的队伍，导致本土村民无法参与到旅游中。这样的情况在甘南地区扶贫中也有很多，为鼓励外来投资的进入，当地政府制定了一些相应的政策，但这其实间接地损害了当地村民的利益。例如，政府允许扎尕那景区的一些餐馆和特产店的投资经营者为外来人员以及外来投资等。

4.3 研究结论

首先，伴随着甘南区域乡村旅游的发展壮大，旅游发展所带来的社会经济、人文环境、宗教文化等方面的影响越来越凸显，特别是针对处于起步阶段的乡村旅游，当地村民越来越深切认识、感知到这种旅游扶贫效应。贫困村民和富裕村民分别站在自己的角度，指出了他们对乡村旅游扶贫效应的认知。总体上乡村旅游扶贫的开展增加了当地村民的收入，其积极影响方面还是大于消极方面的。乡村旅游扶贫对贫富村民带来的不同效应感知对以后乡村旅游扶贫工作的发展具有重要意义。

其次，旅游扶贫在一定程度上增加了当地村民的收入，使得一部分有资金支持、有发展头脑的村民走在了发展的前端，真正实现了通过旅游发家致富。同时一部分村民经济收入上无很大改变，这就造成了村民之间贫富差距的拉大，造成了乡村旅游扶贫工作中又一重大矛盾的出现。此时，政府需要采取相应的措施来改变这种不平衡的现状，控制乡村旅游扶贫的成效，使得所有村民都能参与到当地旅游的发展中，在旅游发展中受益，避免贫富差距太大而带来负面的影响。

最后，从当地村民之间贫富差距影响因素来看，民族地区乡村村民年收入增加速度慢，和他们的教育水平、健康与否以及外部扶持力度是息息相关的。在相同条件下，文化水平较高的家庭，能抓住当地的扶贫政策开展旅游活动，参与旅游发展，从而获得收益；健康劳动力富足的家庭也可以通过牵马、销售土特产等各种渠道来获得经济收入；政府的贷款扶持也使得村民有能力去参与旅游。因此，在民族地区乡村旅游扶贫实践中，既要重视乡村居民的总体收入水平，还应关注贫困村民的个人收入水平。针对不同教育程度、经济状况的家庭，运用合规、有效的程序对民族地区所有贫困人口进行扶贫，缩减当地村民之间的贫富差距，实现民族地区的共同富裕。

4.4 对策与建议

4.4.1 提高贫困人口的文化素质和职业水平

要想旅游扶贫开发能够长久，就必须重视甘南地区的教育事业，增强当地居民的文化素养。若贫困人口的受教育水平较低，会影响他们在扶贫过程中得到的实际效应。通过对扎尕那村村民的调查研究，我们得知该地居民的文化水平普遍较低，这也是造成贫困村民无法脱贫甚至贫穷程度加深的原因之一。如果思想观念比较落后，扶贫工作的顺利开展就较为困难。因为扶贫不只是给予物质上的帮助，最主要的还有精神方面的帮扶。

因此，扶贫首先需要转变当地贫困居民的思想，对其进行积极正确的引导，让他们认识到旅游扶贫确实能让他们脱离贫困，鼓励居民自觉主动地参与到扶贫中。这样乡村旅游的接待质量才能有所改善，当地在旅游发展中的竞争能力才可以得到有效提升。

甘南扎尕那贫困家庭出现贫困很重要的原因在于文化素质水平较低，职业能力比较差。因此，改造贫困文化、发展教育是脱贫致富的重要途径，在政府有关部门进行扶贫工作时，必须加强对贫困家庭的文化教育。由于贫困家庭长期处于贫困状态，导致了贫困家庭对于教育的投资在家庭收入中所占的比例十分低，甚至部分贫困家庭根本无法进行教育支出。因此，这就需要政府部门根据不同贫困家庭的特点，对部分贫困家庭采取免费的方式进行职业教育。通过职业教育能够将贫困家庭的剩余劳动力进行顺利转移，由政府部门主导贫困家庭摆脱贫困状态向由政府部门协助贫困家庭摆脱贫困状态转移。通过职业教育使贫困家庭成员增强职业技能，使贫困家庭成员自身的努力成为摆脱贫困的动力，从而从根本上摆脱贫困状态。因此，在政府部门进行扶贫工作时加强免费职业教育，发挥科教工作扶贫的重要力量，也是实现贫困家庭摆脱贫困状态的重要举措。

4.4.1.1 针对少年扶智

扶贫必扶智，教育扶贫是阻断贫困代际传递的重要途径，更是老百姓脱贫致富的长久保障。通过保护生态环境的绿色扶贫方式、提升贫困居民文化和技能的教育扶贫方式、保护传统的文化扶贫方式、旅游项目的创新扶贫方式等方式，最终实现贫困居民的长期“造血式”脱贫。

（1）促进少年价值观念的转变。通过分析可以得出，贫困家庭出现贫困的原因与贫困家庭成员落后的价值观念以及落后的思想有着紧密的联系。因此，在政府进行扶贫工作时，首先要转变孩子们的价值观念，帮助他们树立起社会主义核心价值观念，对落后的价值观念进行积极改造，帮助孩子们树立起积极乐观的心态，要使他们认识到：在政府的帮助下，通过自身的积极努力最终可以摆脱家庭贫困的状态。通过教育工作使孩子们更加大胆地与其他的小朋友交流，慢慢树立起自信心，更深入地了解自己的家乡（比如，自己的家乡为什么会有这么多人来玩、怎么样才能把自己的家乡建设得更漂亮、旅游到底是什么等一些与自己家乡有关的知识），同时，也要让孩子们知道父母的不容易，懂得知恩图报，懂得学习的重要性，懂得如何在社会中立足，了解更多的信息。

（2）促进少年知识面的拓展。政府应对学校教育给予支持，提供足够的教育基金，让所有的小学、初中的学生都有机会与其他学校的学生进行交流，城市学生与农村学生一起举办各种各样的活动，让孩子们互相接触，交流所学、所见、所闻，更有利于他们拓宽知识面和开阔眼界。

4.4.1.2 针对中年扶技、扶艺

（1）普通话沟通技能培训：坚持政府主导完善机制，推动社区参与共享收益。政府通过旅游扶贫鼓励政策广泛吸收社会资本，进行差异化扶持引导，构建旅游精准扶贫机制和合理利益分配机制。完善合理可行的民主决策机制。旅游发展的核心力量是当地居民本身，充分保障居民的参与权、话语权与决策权，借鉴国内外先进模式，实现旅游发展和居民受益的双赢。语言是最重要的交际工具和信息载体，普通话是全国通用的语言。应大力推广、积极普及全国通用的普通话，尤其是旅游服务常用交际用语及基本技能。这有利于消除当地服务者与旅游者之间的语言隔阂，促进扎尕那旅游从业人员与游客的交往，进而促进当地旅游业的发展。

（2）基础导游知识培训：在旅游发展硬实力基础设施建设方面，要从乡村基础设施建设和景区旅游基础设施建设入手，加大资金投入，从整体上优化提升基础设施建设水平。在旅游文化软实力方面，以优良的生态环境为载体，突出原生态民族文化、深入挖掘特色鲜明的主题文化元素，尤其注重凸显民族地区“神山圣水崇拜”的传统生态环保观。当地政府应对扎尕那地区的人文历史、传说和自然资源做系统的整理，将相关法律法规知识打印成册，发给培训学员，并进行详细介绍，让当地人熟知家乡文化，也能讲给游客听，尤其是向游客介绍当地特色的藏族文化和佛教文

化，结合特色文化开办朝圣旅游和民俗风情旅游、文化旅游等。

（3）从业技能及理念培训：扎尕那村村民对旅游扶贫经济效应和社会效应正向感知强烈，在旅游业中获得一定发展机会。通常在旅游发展初期居民更加倾向于关注经济收入和社会生活条件的改善，对生态环境的改变相对漠然，扎尕那由于原始的自然生态观深深根植于当地人心中，在经济发展面前要把对良好生态环境的追求放在非常重要的位置，因此对旅游发展带来的生态环境负面影响感知明显。扎尕那旅游从业人员可以熟练掌握开发和营销当地特色旅游产品的技能，明确旅游业从兴起发展到成熟的基本规律，提高当地人的环境保护意识，引导当地居民在从事和发展旅游业的时候时刻以保护当地自然环境为基本前提。从供给侧包装设计，在保持民族文化真实性和自然生态原生性的前提下，注重满足游客异质性旅游感官体验。独特的民族文化和优良的生态环境都是重要的旅游吸引物，“人与自然和谐共处”的特质一旦丧失，势必导致旅游衰落，必须坚持“保护优先、开发保护相结合”。

（4）推广线上、线下宣传培训：居民对旅游开发持支持态度，并有强烈参与旅游业愿望，目前存在参与程度低、参与方式单一、缺乏资金和技术等障碍。由此，需要从当地居民利益出发，扩大受益群体覆盖面，充分发挥旅游扶贫的积极作用。要对当地已有的宣传模式进行改进和扩充，并且帮助扎尕那开发微信和微博公众平台，进行微信公众号运营等相关培训，具体包括微信公众号管理、微信推送内容编辑及群发、链接小程序等。

4.4.1.3 针对老年扶文

甘南藏族自治州大多是少数民族聚集地，其中多个乡镇和村庄在打造民族文化发展旅游，所以扎尕那面临的市场竞争不可小觑。加大民族旅游的市场营销力度，是扎尕那进一步扩大市场覆盖率的重要途径。做好市场营销，推动文化产业与旅游扶贫的互动发展，可以从以下几方面进行。

（1）文化与旅游相互宣传：主要依靠 55 岁以上人群进行宣传，由于老年人阅历丰富、见识广阔，且旅游宣传要附加民族文化内涵，民族文化要发掘旅游潜力、捆绑宣传，促进互动发展，因此老年人是最合适不过的。

（2）政府资金帮扶：政府每年要预算一定的民族旅游宣传专项资金，用充足的经费做宣传广告，增强老年人做宣传推广的动力，积极传播藏区文化、经院寺庙文化等来弘扬当地特色，以加大民族旅游的宣传力度。

（3）讲解与影视文化相结合进行宣传：要想加大宣传力度，就必须付出财力、人力，当地富者也可以捐出少量资金，再加上政府补贴，可以请电视台来做广告、拍节目等，将老年人的讲解与影视相结合，为潜在游客留下深刻印象，效果也会更显著。

4.4.2 提升贫困户致富主动性

习近平总书记曾指出扶志在扶贫工作中占有很重要的地位，本研究通过实践研究证明了这一观点。研究过程中发现，贫困地区的一些贫困户没有实现脱贫，而造成这一后果的原因是贫困户缺乏主动性。此类贫困户在他人面前永远喊穷，但却不通过自身努力来改变这一现象。

针对这一现象，需同时开展扶贫工作和扶志工作。首先，在资金需求方面给予支持，为贫困户脱贫想法的实现提供帮助，同时让村民感受到政府帮助他们的诚意。其次，成立政策宣讲队，将国家扶贫政策充分展现出来，把全国各地市贫困村民实现脱贫的经典案例进行展示，分享他们的先进事迹以及成功的经验，激发贫困村民参与旅游实现脱贫的斗志，从而提高其主动性。除此之外，可以在生活和精神方面给予一定的鼓励，减少贫困户内心的自卑感，用中华民族优秀的传统文化熏陶贫困户，让其感受国家致力脱贫的决心。

同时，贫困居民要充分发挥自身的主动性、积极性和创造性，在实践中开展有针对性、有特色的宣传活动，激发旅游扶贫地区内在活力，不断增强自我发展能力和自我脱贫意识，并探索和建立长效的、动态的利益联结机制，积极地把旅游活动控制在环境治理可承载和控制的能力范围内，实现自力更生、脱贫致富。

4.4.3 充分发挥政府的社会职能

政府在旅游业发展中具有主体作用，只有利用其在扶贫工作开展中的宏观调控作用，加强村民对旅游扶贫概念、价值的理解与认知，才能把扶贫相关工作与旅游做到有效融合。在乡村旅游扶贫开发的第一阶段，需要政府和社会其他外力的支持，才可以使扶贫工作获得理想的效果。由于贫困地区发展旅游的基础比较弱，所以需要政府进行引导开发，具体分为以下三个方面。

4.4.3.1提高精准帮扶力度

旅游扶贫项目总体上取得了很好的效果，带动了一部分村民脱离贫困。但由于扶贫资金具有滞后性，而一些旅游活动的参与则需要资金到位才能开展，这导致一些贫困户的参与积极性较低。因此政府应加大扶贫资金的投入力度，缩短资金发放的时间跨度，让更多的贫困户参与到旅游的发展中。并在各地区进行实地访问调查，精准识别需要帮扶的贫困户，按照具体情况实施特定方案。政府应该增加旅游培训的次数和范围，通过深入的培训使贫困村民学习到更多技能，为更好地服务游客打下基础，提高当地旅游的吸引力。

4.4.3.2优化精准管理

提高政府各个项目的公平程度，保证其透明公开。只有政策透明公开，贫困人口才能有机会了解到国家的扶贫政策，并切身参与其中。精准识别扶贫对象后，应在确定扶贫标准，以及资金的发放方面向居民进行公示，通过群众进行监督扶贫工作的公开性，保证扶贫项目的实施的正确性。只有工作的实施过程公开透明，村民才会努力参与到项目实施过程中，从而推进工作的进展。此外还可以建立多元化的乡村旅游扶贫管理机制，集聚政府、社会、企业和当地村民等多方面的力量，保障乡村旅游扶贫项目的更好发展。

4.4.3.3增强信贷管理

经过调查发现，扎尕那村村民中的贫困户也有参与到旅游中的强烈愿望，但由于自身家庭状况不好，拥有的资金也较少，此时政府的信贷款则是他们资金获取的重要来源。为保障资金的有效利用，政府应委托村委会宣传信贷制度，为村民讲解具体的信贷方法、贷款使用要求以及贷款所需证明材料等，鼓励村民参与贷款，并建好信贷监督管理制度，保证信贷的有效发放。

第5章

基于扎根理论的扎尕那旅游利益主体诉求及均衡机制研究

5.1 研究现状

5.1.1 扎根理论在旅游中的应用

5.1.1.1 国外相关研究

（1）旅游者行为研究。Martin（2007）使用扎根理论研究了旅游者行为，发现了旅行行为的重要维度，为旅游行为的基础理论研究做出了判断。Papathanassis、Knolle（2011）基于网上照片和文本描述，分析了游客对网上消费决策的评论，发现游客的假日选择不完全取决于在线评论，在线评论只起到次要的补充作用，对游客假日选择有启发作用。Shakona、Backman（2015）基于扎根理论，通过半结构化方式采访了6位穆斯林，探究了南卡罗来纳州克莱姆森穆斯林的伊斯兰信仰对休闲和旅游行为的影响，结果表明伊斯兰信仰和行为实践影响美国穆斯林的旅游和休闲，文章指出旅游市场要关注宗教的影响。

（2）旅游感知研究。Arai（2016）通过分析来自加拿大、美国和英国的游客在印度尼西亚、巴西、西班牙等地旅行时对纪念品的感知，研究"真实性"背景下游客对纪念品的感知，发现带有当地标致的纪念品更受欢迎。

（3）旅游景点建设与可持续发展研究。Hardy（2008）研究了澳大利亚昆士兰利益相关者，分析了旅游业对当地社区和旅游文化的影响，构建了可持续旅游模型。Johnston（2014）运用扎根理论，对英国伦敦可持续发展与可持续旅游关系做了进一步探讨，研究表明，可持续发展作为理论范畴应至少有五个现存的属性，即可持续性具有相对性、动态性、规范性、竞争性和自反性。

（4）旅游企业发展研究。Mehmetoglu（2006）认为，多数研究者将定性研究的焦点放在数据搜集上，而忽略了数据分析这一重要方面，因此他将扎根理论应用于酒店和旅游管理研究，并把重心放在了数据分析上，研究表明定性分析的质量取决于研究者的体验、创造力和理论意识。

（5）旅游体验研究。Yuan（2015）认为美食是旅游体验的重要组成部分，美食节和美食活动的开展，推动了美食旅游的发展，美食旅游是小众化旅游的分支，作者通过梳理文献发现当下研究游客食物喜好和旅游动机的文章较少，因此他们运用扎根理论研究了食物动机因素和游客食物偏好，结果表明多数中国游客把旅游地的食物当作自己日常饮食体验的一种扩展。

（6）旅游现象（模式）研究。Gao（2011）以云南香格里拉为研究对象，通过扎根理论的研究方法探索幻想旅游的意义。Lumsdon（2011）应用扎根理论方式，通过 23 个实践操作者和学术人员的深度面对面采访，研究揭示人们对缓慢型休闲旅游的主要要求是缓慢性，注重旅行经历和环境。Nunkoo、Ramkissoon（2013）在毛里求斯岛研究利益相关者的飞地旅游观，研究表明，利益相关者的意见尽管细致入微，但往往相互矛盾。飞地旅游的发展改善了当地的环境和促进了社会经济，但这也要求赋予当地社区和妇女创业的机会。

综上所述，国外扎根理论在旅游研究中的应用较为全面，从游客到社区参与，再到旅游业的方方面面，最终的目的还是促进旅游业的健康合理发展。这些研究突出了对旅游者行为和相关利益者的关怀，如宗教旅游、民族地区的旅游发展、飞地旅游等。某种程度上这些研究为国内的研究提供了借鉴。

5.1.1.2 国内相关研究

国内将扎根理论用于旅游研究始于 2006 年，邓文君（2006）对杭州多家国际旅行社跨文化工作经验的实践专家进行深度定性访谈，并采用扎根理论编码技术对数据进行分析。苗学玲、保继刚（2007）针对互联网平台上寻找“游伴”的现象做出分析，认为互联网的普及和自主精神的产生为虚拟社区结伴旅行创造了条件，对于结伴行为的了解将有益于旅行社改进现有旅游产品和制定相关的营销策略。这项研究突破了“图文游记”研究，填补了互联网研究的空白。此后的研究随着时间的推移和研究者经验的积累逐渐趋于完善。

（1）旅游地形象研究。张淼、刘进平等（2009）首次将扎根理论用于城市形象定位与塑造研究，以重庆市为例，对反映重庆历史特点、现实优势与发展趋势的资料记录进行分析，得出“激情之都”这一核心范畴来定位重庆的城市形象。杨妮、马耀峰（2010）对潼关的形象研究，某种程度上为小城镇形象的研究开辟了一条道路。白凯（2012）以旅华美国游客为研究对象，以旅游目的地城市色彩意象认知为研究内容，提出了旅游目的地城市色彩意象认知加工的发生机制与过程模型。学术界对旅游中的色彩研究尚不多见，这项基于扎根理论的研究无疑具有开创性的作用。研究者大都利用网络平台的游客日志、点评以及深度访谈数据，运用质性研究中的扎根理论和文本分析法对案例地游客感知进行分析。

（2）旅游者感知研究。此类研究主要针对感知、旅游幸福感、旅游体验、游客满意度、游客行为、社会认同等。高军、马耀峰、吴必虎（2010）以 11 个入境旅游热点城市的游客感知为出发点，具有一定的开创性。王汝辉、吴涛、樊巧（2014）、王文辉（2015）对当地社区居民的相对剥夺感进行探究，为乡村生态旅游业发展中出现的共性问题提出了解决办法。王敏（2020）总结了游客对林州民宿的积极、消极感知因素，对林州民宿的发展给出了合理建议。

（3）旅游体验研究。杨疏（2011）以搜索到的旅游网站及个人微博上游客对乡村家庭旅馆体验的评语为原始数据，分析了乡村家庭旅馆的生命周期。这项研究突破了传统的研究路径，开创性地将扎根理论和 AHP 法应用于乡村家庭旅馆的体验性方面的研究，为乡村家庭旅馆的规范和评价体系的构建做出了贡献。张天问、吴明远（2014）以旅游博客的博主为研究对象，系统分析了游客在旅游过程中的身心感受和情感的变化，研究发现旅游的根本动机是寻找和收获旅游幸福感，这项研究为旅游服务中人文关怀的关照提供了思考。谢彦君、樊友猛（2017）从身体地理学的视角出发，针对徒步旅行游记和访谈进行扎根理论分析，认为徒步旅游体验本质上是一种具身化生成实践，即旅游者通过具体身体的参与，与旅游情境深度融合，寻求个体完善与成长的对象性活动，最终构建出徒步旅游体验模型。这项研究采用具身认知本体论的视角对旅游体验的本质提出了新的解释，有利于推动未来对旅游体验的过程、机制和评价方面的研究回归旅游者这一主体，并围绕身体叙事这一理念，为体验产品的设计和开发提供更多有益的启示。

（4）游客行为和社会认同研究。杨洋、蔡溢等（2015）以贵阳市“90后”群体为例，分析访谈中获取的第一手资料，对“90后”旅游者行为各阶段的具体特征和时空变化规律构建出 90s–TGM 模型。这是首次使用扎根理论对时间与空间维度下的旅游者整体行为变化规律进行研究，为推动旅游产业发展做出了具体的实践。单铭磊（2015）以聊城东昌古城旅游景区旅游开发为例，观察旅游开发导致的局部地区、短期内的剧烈文化变迁，对社区文化认同情况进行研究，构建了社区文化认同响应旅游景区文化再造作用机制的结构模型。研究表明，社区文化认同的主要影响因素是社区情感和文化价值观，这项研究为解决社区与景区的关系提供了思路。

（5）旅游扶贫的研究。于佩良（2019）提出参与式旅游扶贫演化模型，从模型优化出发，提出优化政府考核机制、适时调整利益分配机制、结合传统生计完善产业链三个建议，以期能缓解旅游业发展需要生产要素与贫困地区当地居民缺少生产要素这一矛盾，实现旅游扶贫可持续发展。而王超（2017）以贵州黎平肇兴侗寨为例，使用扎根理论对主客互动型旅游精准扶贫模式、精准帮扶与社会治理路径进行了构建，并提出了合理建议。

综上所述，国内扎根理论在旅游研究中的应用涉及旅游活动中旅游者的研究、旅游企业的研究、旅游产业的研究，但是基于扎根理论的旅游模式研究、旅游可持续发展的研究等比较少。上述研究大都基于网络文本的分析或参与现场调查，依据收集的资料分析反映研究主题，若适度地增加定量研究数据分析可能会更好地反映主题。

5.1.2 利益相关者理论在旅游领域中的应用

5.1.2.1 国外相关研究

20 世纪 80 年代后期，利益相关者分析被引入旅游研究的领域，较企业管理领域晚将近 20 年。不过，已有学者在此之前从公众参与、协作、伙伴关系等角度对相关问题进行了探究。例如，Rosenow 等人（1979）认为公众应当参与到旅游目的地的管理和发展中来；Murphy（1985）认为，在发展旅游时应尽可能地让社区参与到规划中。目前在旅游研究领域，利益相关者视角与分析方法得到了广泛的应用。

从研究内容上看，主要集中在权力的重要性、利益相关者相互协作与冲突、利益相关者分析对于旅游规划的重要性等。利益是连接诸多利益相关者的核心，多数文献剖析了利益相关者在利益主张上的不同。正是由于利益相关者有不同的利益诉求，协调好利益相关者之间的利益关系，对促进旅游发展中的有效协作并减少利益相关者之间的冲突矛盾显得尤为重要。Christina 等人（2005）对琅勃拉邦实施的一个关于利益相关者的协同合作项目的效果进行了评价，结果表明，该项目并未达成初始设定的目的，当地居民也并未在此项目中获取多大的利益，真正从中获利的是政府官员及少数居民代表，大多数居民是没有话语权的。

尽管利益相关者分析能够辅助解决旅游发展中的一些冲突，促进多方合作，但仍有部分案例显示，受多方因素影响，旅游利益相关者在旅游发展中的参与度并不高，效果并不理想。例如，Fisun Yuksel（1999）结合案例研究对旅游利益相关者在土地规划利用战略中的决策方面进行了评估，研究发现，一些利益相关者缺乏做共同决策的责任感，政府对旅游利益相关者的支持较少，以及缺乏进行协商谈判的资源等，都成为各方旅游利益相关者参与到共同决策过程中来的阻碍。

从研究思路与方法上看，学者们大多借鉴社会学、管理学中的沟通方法、组织理论、公众参与等方法进行分析，不少学者采用的是以供给者为中心的思路。例如，Brent Ritchie（1999）对加拿大班夫国家公园进行的研究指出，尽管共同决策的过程很艰难，但能兼顾到该项决策所涉及的所有利益相关主体，具有社会历史价值。Peter Williams 等人（1998）研究了 Costa Dourada 项目中协作关系对欠发达国家的区域旅游协作的影响。

此外，很多研究者还以某个行为主体为中心进行利益相关者分析。例如，Jane Robson 等（1996）以旅游经销商为主体罗列出 12 个利益相关者，以当地政府主导的旅游营销者为主体罗列出 18 个利益相关者。

总体上来说，旅游领域关于利益相关者的研究大多集中在旅游规划、旅游目的地管理或营销上，少部分应用于旅游企业管理及与旅游相关联的自然资源管理与保护等领域。多数研究认为，必须理解所有利益相关者诉求，并且要在旅游开发过程中让利益相关者参与进来。

5.1.2.2 国内相关研究

国内学者对利益相关者理论在旅游领域的研究，主要集中在对各利益相关者的关系论述以及结合案例进行实证研究方面。

从研究内容上看，利益相关者理论最早于 20 世纪 80 年代出现在旅游文献中，90 年代中后期开始引起学者的深入研究。如保继刚等（2002）在桂林市旅游发展总体规划中，讨论了旅游地的游客、政府、商业部门、本地居民、景点开发商等利益相关者，对他们的利益表现、决策过程与行为、相互制约和相互影响关系进行了初步分析。张伟、吴必虎（2002）将利益主体理论应用到四川省乐山市旅游发展战略规划过程中，并对不同利益主体的旅游意识和利益表达进行了分析。冯淑华（2003）以江西三百山旅游风景区为研究对象，从利益相关者关系的角度探讨了流域内资源共享的各方的权利、利益、义务关系，并在此基础上提出协调各利益相关者关系的措施。黄昆（2003）在界定景区利益相关者的基础上，分析了政府部门、当地居民、景区投资者、旅游者和景区员工等各利益相关者对景区环境管理的影响，提出构建利益相关者共同参与的景区环境管理模式。张祖群、方巧、杨新军（2004）等以荆州古城为例，对旅游目的地系统中不同利益主体的经济互动关系进行了实证研究，认为旅游活动的实质是区域旅游系统中不同利益主体在文化景观上的矛盾体现。汪伟、孙伟、陈佶君（2015）从利益相关者视角分析了我国生态旅游的利益相关者在不同层面上存在的诸多实践困境，探讨我国生态旅游发展的路径，建立合理的机制，为当前我国旅游生态文明建设提供一定参考。陈林婧、陈郁青（2019）提出目前的乡村扶贫旅游规划存在模式化、刻板化的问题，村民参与流于形式，政府为实质主导者，规划难以表达村民的意愿，满足村民真正的诉求。以永泰县赤水村为例，寻找村民参与的有效途径，探讨扶贫旅游规划新模式。刘伟玮、李爽、付梦娣等人（2019）基于利益相关者理论，围绕我国国家公园管理体制的机制和功能定位，从利益相关者的利益合法性、重要性和紧迫性对国家公园的五类核心利益相关者进行界定，分析了他们的核心利益诉求，梳理了其间的利益关系，并提出了多方利益协调机制构建的具体路径。

从研究方法上看，王刚、汪丽萍（1998）运用社会学理论提出以社区居民为基点，通过对社会结构的改革，实现多重性利益格局转化，促成利益分配的多元化，从而形成多元互动与灵活高效的运行机制。陈慧婷（2017）利用利益相关者理论建立旅行社利益相关者基本图谱，将旅行社利益相关者分为核心层、战略层及外围层三个基本层次，探讨三个层次的相关者之间的复杂关系。

5.1.3 利益相关者理论在乡村旅游中的应用

5.1.3.1 国外相关研究

国外对于乡村旅游的研究时间比较早，多种理论和学科的引入，使得乡村旅游的研究更为深入，慢慢走上规范化的道路。Byrd E. T. 等人（2009）

对北卡罗来纳州乡村旅游当中利益主体对旅游影响的感知问题进行了研究，发现乡村社区的四个利益相关者（居民、企业家、政府官员、游客）对于旅游影响的认识在大多数问题上存在差异。Moslem Ghasemi 和 Amran Hamzah（2014）认为乡村旅游是一种能够给社会带来经济效益和社会效益的新型活动形式，他们在研究中调查了农村旅游开发范例的适当性，比较研究了主要利益相关者的观点和认知行为，以找到适合主要利益相关者的旅游模式。

5.1.3.2 国内相关研究

国内学者运用利益相关者理论对乡村旅游的研究，主要集中于以下三个方面。

（1）乡村旅游模式选择的研究。陈志永、李乐京、梁涛（2008）从利益相关者理论视角，深入剖析了贵州天龙屯堡“四位一体”的乡村旅游发展模式，指出其社会经济意义和现存缺陷，并提出完善建议。乔磊（2010）对乡村旅游开发模式研究现状进行梳理，指出利益主体之间明确的分工能促进乡村旅游的可持续发展，并构建了“政府 + 股份公司 + 社区居民 + 乡村旅游协会”四位一体的乡村旅游可持续发展模式。何艳琳、耿红莉（2012）系统分析了产权理论、利益相关者理论与产业组织模式之间的关系，指出产业组织模式成功的关键是合理的利益分配机制。

（2）乡村旅游开发过程中各群体之间的利益冲突和矛盾。高军波、陈建华（2018）根据利益相关者理论，深入剖析农户利益分配不均的具体表现，并对其原因进行深入探讨。古红梅（2012）运用利益相关者理论，对北京市郊地区进行实证分析和案例研究，指出构建农村弱势群体的利益分享机制、关注各方利益诉求、平衡各主体利益关系是实现乡村旅游可持续发展的关键。韩垚、杨晗（2016）立足于乡村旅游发展的目的和原则，从激励理论的角度提出产权激励、收益分配激励、政府激励和意识激励，共同构建乡村旅游相关主体利益保障机制。

（3）乡村旅游中的社区参与。范铁琳（2011）以利益相关者理论为指导，运用单案例分析法深入剖析乡村旅游社区参与现存问题，并提出社区参与提升路径。还有一些学者基于利益相关者理论，对乡村旅游开发过程中绩效评价以及政府职能进行研究，丰富了乡村旅游的研究内容。张海燕、罗健阳（2016）以湘西土家族苗族自治州为例，基于利益相关者理论，采用层次分析法从游客、社区居民以及开发主体三个视角，构建乡村旅游绩效评价体系。单文君、王婉飞（2013）基于交易费用理论视角概述了乡村旅游产业组织模式及选择，对目前主要产业组织模式中政府的引导、扶持、主导以及协调作用进行了分析，提出了实现政府作用的现实路径。

通过上述梳理可以看出，国内学者基于利益相关者理论对我国乡村旅游的研究主要集中在乡村旅游的模式选择、不同利益相关者群体之间的冲突与矛盾及乡村旅游开发中的社区参与等方面。分析个体案例中的发展现状及存在的问题，并提出相应的解决对策。对乡村旅游利益相关者的研究，多集中于乡村旅游开发、发展模式和管理模式中利益主体的“利”，但忽视了他们的“权”和“责”。

5.2 研究设计

5.2.1 研究目的

本研究旨在寻找解决甘南藏族自治州乡村旅游利益相关者利益协调的方法和措施，尽量兼顾扎尕那旅游利益相关者的利益诉求，从当地居民、政府、旅游企业和旅游者之间的分析中得出解决问题的具体途径，并提出相关利益主体利益均衡的对策与建议，协调多方在扎尕那旅游发展中可能产生的矛盾冲突，以期发挥甘南藏族自治州扎尕那旅游最大的社会效益、经济效益和环境效益，改善当地居民生存和生活条件，提高旅游企业的积极性，为旅游者创造美好的旅游体验，充分带动当地经济的发展和社会的进步，实现扎尕那村乡村旅游的可持续健康发展。

5.2.2 研究内容

首先，从国内外两方面梳理关于扎根理论在旅游中的应用、利益相关者理论在旅游中的应用。其次，基于扎根理论的扎尕那旅游利益相关者利益相关分析，进行数据分析处理。数据经过开放性编码、主轴性编码、选择性编码三个阶段，得出43个概念、7个范畴、两大主范畴，最终得出核心范畴，构建出相关理论模型。再次，进行扎尕那旅游利益相关者利益诉求及利益均衡分析。结合数据编码结果，分别从当地居民、当地政府部门、旅游企业和旅游者的角度分析各自的利益诉求及利益均衡机制。最后，得出研究结论，并且给出扎尕那旅游利益相关者的利益均衡路径。

5.2.3 数据获取

本研究的资料来源渠道主要包括两部分，第一部分是一手资料：在确定研究主题和研究案例地之后，于2019年7月与2019年10月，先后对扎尕那进行了共为期12天的实地调研，以半结构化访谈为主，每个访谈对象访谈时间约为半小时。访谈为后续扎根研究提供了资料，与扎根理论深度契合。第二部分为二手材料：包括公开媒体信息、扎尕那相关资料、网络平台上对扎尕那的口碑等材料。上述资料的整理将作为分析的原始资料。研究对象主要是扎尕那旅游利益相关者，包括扎尕那当地居民、当地政府、旅游企业、旅游者等核心利益相关者，对他们的利益诉求进行访谈并以录音形式予以记录，最终整理归纳成录音文稿，约8.5万字。运用扎根理论研究方法，通过开放式编码、主轴编码、选择性编码，提出理论雏形。访谈主要获取以下三个方面内容：一是与扎尕那居民的访谈，重点为扎尕那旅游的利益诉求内容，旅游对当地居民的影响；二是政府部门的访谈，主要涉及扎尕那旅游开发的态度、开发影响及主要工作内容；三是扎尕那旅游企业管理者的访谈，包括扎尕那旅游开发的管理模式、对旅游利益相关者其他三方的态度及工作内容等；四是扎尕那旅游者的访谈，包括旅游者对扎尕那旅游开发的态度，旅游者在扎尕那的体验，旅游者的利益诉求等。访谈对象基本信息如表 5--1 所示。

数据采集完成后，根据数据的重要程度及关联程度将其分为主要数据、次要数据、其他数据三个层次。主要数据为扎尕那当地调研所得的访谈数据，也是编码过程中最重要的数据；次要数据包括网络平台上对扎尕那的口碑等材料，参与编码；其他数据包括政府文件、公开媒体信息及相关资料，主要用于更好地理解当地旅游利益相关者之间的利益关系网、把握研究方向，不参与编码。

表 5-1　调查对象基本信息

编号	性别	年龄	职业
1	男	35	政府工作人员
2	男	41	政府工作人员
3	女	38	政府工作人员
4	女	25	政府工作人员
5	男	23	旅游企业工作人员
6	女	37	旅游企业工作人员
7	男	29	旅游企业工作人员
8	女	25	旅游企业工作人员
9	女	28	扎尕那居民
10	女	45	扎尕那居民
11	男	63	扎尕那居民
12	男	38	扎尕那居民
13	男	55	扎尕那居民
14	男	26	扎尕那居民
15	男	61	游客

编号	性别	年龄	职业
16	男	19	游客
17	女	52	游客
18	男	45	游客
19	女	28	游客
20	—	—	网络口碑

5.2.4 数据编码

为准确地分析扎尕那利益相关者利益诉求，本研究借助扎根理论对其进行更系统的探讨。扎根研究的原始数据是十分庞大和碎片化的，对每次访谈全程进行录音，访谈结束后整理出录音稿。由于数据信息量大，分析需要进行编码，包括开放性编码、主轴性编码和选择性编码。开放性编码主要是将资料打散，拆分比较后进行再组合，形成相对概念化的资料内容，一定程度上缩减编码，将资料内容范畴化。在这个基础上，将概念化的资料内容按照主要脉络进行系统性比较，进行主轴性编码，得到主要范畴。最后进行选择性编码，将各主范畴进行联结、验证彼此关系，形成扎尕那旅游利益相关者不同层面上的诉求体现。

5.2.4.1 开放性编码

概念化是开放性编码工作的第一步，即分解资料、对资料进行贴标签的操作，对每个有意义的词句进行简单的概括，尽可能地贴近访谈者的原话，充分地展示出被访谈对象的具体活动。由于数据资料较多，会产生大量的标签，也会出现重复或相近的标签，为了更准确地对标签进行归类和整理，在概念化之前进行初步概念化的操作，也就是对每个访谈者的访谈内容进行贴标签后的简单整理，随后整理出一个初步概念化集合。以下选择扎尕那政府部门的部分访谈进行开放性编码的展示。

（1）初始译码。这一阶段的译码分析是从原始资料中归纳总结出概念，需要研究者斟酌资料中的每个句子、每个段落，对其准确地命名。这一阶段要求概念既要贴合资料，又要具有开放的分析性，避免将资料限制在较少的理论框架里。通过对资料的反复考察，研究者初步提取相关概念。在初始译码的过程中，研究者发现同一个概念出现在几段不同的原始资料里，受论文篇幅所限，在此截取的原始资料仅是概念化过程的一个示例，见表5-2。

表5-2　初始编码

原始资料	概念化
我挺满意现在的酒店收入，我的这间在村子里收费算中等（a1）	A1满意收入现状
路都修了两三年了，一年修一点，旅游的游客多了，才这么弄（修路），以前就拖着呢，连个好好的路都没有，辛苦得很（a2）	A2不满基础建设
咱村有这旅游还比较富裕，大家还可以增加个人收入（a3）	A3自我认同
通水、通电都很早了，电以前就有了，以前我们这边有个电站，现在是县城发（电），网络也很好（a4）	
都挺好的，来的人多了，住酒店、吃饭的人也多，旺季的时候能挣不少钱（a5）	A4赞同旅游发展
目前没有政府和旅游企业干涉到我的经营（a6）	A5旅游发展限制少
公司做的唯一强硬的一项就是，景区里新开的酒店、民宿，我们公司不开具证明，他们（当地居民）办不了营业执照，所以从刚开始就可以把控他们的服务质量和硬件水平，不然的话就会有点乱（a7）	
都是从各地过来的游客，我认识好几个团队，他们每年都会来这里采风、画画，都住在我家（a8）	A6见识
还有天南海北来的驴友，有时候晚上我也会跟大家在一起聊天，知道很多新鲜事（a9）	
之前扎尕那景区的百姓都是半农半牧，近两年直接就参与到旅游行业（a10）	A7身份转变
现在，他们把牧场上的牛羊卖掉以后，回来在家里盖房子，经营藏家乐（a11）	

原始资料	概念化
刚开始扎尕那旅游启动的时候老百姓不懂，不理解旅游，现在都好了，知道要发展旅游，是尝到甜头了，现在是非常支持的（a12）	A8政策感知
收入比以前好多了，尤其是有几个好一些的，一年挣七八十万元（b1）	B1居民收入提高
很喜欢扎尕那的风光，希望有机会能再去（b2）	B2旅游者重游
纳税人就是我们周围的餐饮、宾馆这些，旅游相关的第三产业是纳税大户（b3）	B3财政税收
景区都在生态红线里，原始的风貌保存得还不错（b4）	B4生态环境
企业都希望以最快的速度回本（b5）	B5企业盈利
之前有当地百姓不理解，这是我们回家的路为什么要收费，那个（指收门票）是全部不满意（b6）	B6当地居民抵制政策
把自己家的旧房子拆了，改造成酒店、民宿什么的（c1）	C1自家房屋
想吸引游客到自己家增加收入，提高生活水平，把日子过得更好（c2）	C2参与旅游
通过开藏家乐，家家户户条件都非常好，经济收入也很可观（c3）	C3独立经营
过一段时间，我们县上、包括扎尕那景区的工作人员还有当地的老百姓带着去九寨沟参观，每年都要去的，去学习（c4）	C4培训
酒店我们自己家的嘛，有人来了就开着，没人就这样子，我们也在这住嘛（c5）	C5时间灵活
之前很多人汉语都不会说现在很多人都会讲汉语，老人基本上会说一点（c6）	C6语言
刚刚从牧民转过来的，语言上有障碍，有时候游客听了以为是在骂他们，但其实当地人可能只是一片好心，这种因为沟通的冲突比较多（c7）	
政府是起主导作用的，制定相关的政策，带领扎尕那景区的开发（d1）	D1政策制定与公开
解决的岗位也有70多个，我们今年做的预算，近期所有的人员规划下来已经有160个岗位，远期大概需要300多个岗位，而且我们招聘的都是迭部县县级以内毕业的大学生，这样既减轻了我们当地的就业压力，也防止了人才外流（d2）	D2拉动就业

原始资料	概念化
旅游在我们甘南州是支柱产业，在迭部县也是支柱产业，因为甘南整个都是绿色经济嘛，所有的工业都不让发展，只能靠旅游业了（d3）	D3产业定位
我们（旅游企业）每周有3~4天都会有市场监管部门进行监管，包括房价、住宿标准、配置，每周都会检查（d4）	D4市场监管
迭部县成立了一个综合执法局，抽调了包括物价、发改、国土、市场监督等18个部门，专门对扎尕那景区在内的景区要去指导，这些方面很健全，在扎尕那是基本不会有宰客现象出现的（d5）	
我们（旅游企业）对景区里也提供了很多东西，他们的很多投诉也是我们去处理的，这样也是间接的帮助（d6）	D5投诉管理
利益的分配呢，先是入了我们公司的专户，所有的钱都上缴国库，按照我们每年的预算下拨资金（d7）	D6资金规范使用
因为之前的宣传，扎尕那的知名度是挺高的，通过短视频、微博、小红书等现在火爆的应用程序，扎尕那就是网红（d8）	D7宣传
今年，我们迭部县通过抖音搞了这个活动，做了一些宣传（d9）	D8听取意见
先是乡政府去村子里面开会，像东哇村人数比较多，（村民就把意见）报给村干部、领导（d10）	
很多的传统的（声音模糊未听清）面临消失的这种我们都列了非遗的项目。关于非遗的这种我们之前进行了摸底，列了一部分，后续的还会再增加（d11）	D9保护传统文化
是藏民族聚居区，民族文化的氛围还是比较浓，好多东西还是保持得比较可以的（e1）	E1原生态人文
扎尕那景区没有开发之前村落形态都是那种古朴自然的（e2）	
当地有特色的蕨麻猪，好像只有扎尕那那一片有这种猪，可以品尝一下（e3）	E2当地特色食宿
住在了藏式民宿里，老板是藏族人，很热情，还提前问我们要不要吃藏式早餐（e4）	
也没有碰到宰客的店，住宿的话相对还挺便宜的，比我们在其他地方住的便宜多了（e5）	E3旅游市场秩序
我们参观游览，也不会去打扰他们的正常生活（e6）	E4互相尊重

原始资料	概念化
跟政府关于景区的会议一周最少一次，去讨论这周发生的事情、发现的问题，管理层面的东西我们出，政策性的东西管委会配合我们出一些相关文件（f1）	F1政企协同
现在是属于政府和企业共同管理，一些政策性的问题都是由管委会去做，我们去做一些景区的日常管理、销售、服务、投诉等其他的问题（f2）	
现在唯一的收入就是门票，收上来的钱全部上缴国库，算入地方财政收入，现在的话，门票跟当地居民没有关系，在以后可能会走上股份制或者分红制（f3）	F2利益划分
2016年的时候县上编了个规划，扎尕那景区的总体规划和一个详细性的规划，按照这个规划，近三年景区建设的速度也比较快（f4）	F3景区规划
也不用我们，听上面让怎么弄就怎么弄（f5）	F4居民话语权低
因为县上的财力有限，这些都建得比较慢，今年建一点，明年建一点，所以到现在基础设施这些都不是很完善（g1）	G1基础建设不完善
前两年，游客来了，弄得垃圾也特别多（g2）	G2环境保护
几天不捡垃圾的话，那个地方就看不成了（g3）	
文化教育程度不一样，一些想法和做事方法存在很大的差异（g4）	G3文化背景差异
但是这个40块钱到底给群众如何分、县上究竟拿多少，这个到现在都没谈，这个之前和群众代表谈，谈了几次，没谈成（g5）	G4利益分配期望
反对收门票的人有是有，但不多，跟他们就是耐心解释（g6）	G5居民与政企缺乏沟通
景区的经营和管理，那个是政府管着呢，不是我们参加（g7）	
跟政府的沟通都是村子里选人去参加，政府给我们通知一下要几个人，我们村子里选上几个人，负责的、管理的（g8）	

（2）聚焦译码。聚焦译码是进行范畴化分析的过程，范畴化比概念化更具有指向性和选择性，是对概念的深化。范畴的挖掘是通过对概念的进一步分类和整合来实现的，反复研读原始资料，并对各个概念循环比较分析，以得到最为精确的范畴。通过再三对比分析，这一阶段挖掘出 7 个范

畴，分别是当地居民感知、旅游影响、居民能力、政府职能发挥、旅游者偏好、权力结构、冲突，见表 5-3。

表 5-3　范畴化

范畴化	概念化		
A当地居民感知	A1满意收入现状	A2不满基础建设	A3自我认同
	A4赞同旅游发展	A5旅游发展限制少	A6见识
	A7身份转变	A8政策感知	
B旅游影响	B1居民收入提高	B2旅游者重游	B3财政税收
	B4生态环境	B5企业盈利	B6当地居民抵制政策
C居民能力	C1自家房屋	C2参与旅游	C3独立经营
	C4培训	C5时间灵活	C6语言
D政府职能发挥	D1政策制定与公开	D2拉动就业	D3产业定位
	D4市场监管	D5投诉管理	D6资金规范使用
	D7宣传	D8听取意见	D9保护传统文化
E旅游者偏好	E1原生态人文	E2当地特色食宿	E3旅游市场秩序
	E4互相尊重		
F权力结构	F1政企协同	F2利益划分	F3景区规划
	F4居民话语权低		
G冲突	G1基础建设不完善	G2环境保护	G3文化背景差异
	G4利益分配期望	G5居民与政企缺乏沟通	

5.2.4.2 主轴性编码

主轴性编码是编码过程的第二个阶段，这一过程只是为了发展主范畴和副范畴，而并不是要把范畴联系起来构建一个全面的理论架构。因此，相比于开放性编码，更具指向性、选择性和概念性。主要是在开放性编码形成的范畴的基础上，探讨范畴间的关系，建立范畴间的联系。典范模型是扎根理论用来刺激思考的一种方式，包括起因、现象、脉络、中介条件、采取策略、结果六个方面。通过把握现象发生的条件、过程、采取策略及结果，使现有案例的状况特点更加清晰，也可能会呈现一种结构性的特征，使得研究内容更加明确。

通过典范模型分析，得到“扎尕那旅游利益相关者利益诉求”和“扎尕那旅游利益相关者利益均衡机制”两个主范畴（见表 5-4），扎尕那旅游利益相关者利益诉求对应冲突，扎尕那旅游利益相关者利益均衡机制对应当地居民感知、旅游影响、居民能力、政府职能发挥、旅游者偏好、权力结构，并得到以下副范畴。

表 5-4　主范畴“扎尕那旅游利益相关者利益均衡机制”典范模型

<table>
<tr><td>起因：冲突</td><td>现象：旅游影响</td></tr>
<tr><td colspan="2">脉络分析：当地居民感知</td></tr>
<tr><td>中介条件：居民能力、旅游者偏好、政府职能发挥</td><td>采取策略：权力结构</td></tr>
<tr><td colspan="2">结果：利益均衡</td></tr>
</table>

（1）旅游影响是扎尕那旅游利益相关者利益均衡的核心发生机制。扎尕那旅游发展过程中，产生居民收入增加、财政税收增加、旅游企业盈利、旅游者重游、生态环境变好、可就业岗位增多、旅游成为支柱产业等正面影响，刺激各旅游利益主体投入更多财力、物力发展扎尕那旅游，是扎尕那旅游利益相关者利益均衡的核心发生机制。“收入还可以，接下来希望能有更多的游客来，多挣一些，日子也过得舒服些”“招聘的都是迭部县县级以内毕业的大学生，这样既减轻了我们当地的就业压力，也防止了人才外流”“期待有机会再去扎尕那玩”。

（2）当地居民感知加速了扎尕那旅游利益相关者利益均衡进程。扎尕那旅游利益相关者利益均衡是一个动态变化的过程，而扎尕那当地居民感知直接影响着扎尕那旅游的开发和政策落实。根据诺斯的制度变迁理论，个体对身边的制度变化及自身行为选择需要经历一个认知的过程。他们开始认同扎尕那旅游发展，而这正加速了扎尕那旅游利益相关者利益均衡进程。“本来是放牧的，什么都不知道，突然过渡到参与旅游行业”“刚开始扎尕那旅游启动的时候老百姓不懂，不理解旅游，现在都好了，知道要发展旅游，是尝到甜头了，现在是非常支持的”。

（3）政府职能发挥干预了扎尕那旅游利益相关者利益均衡过程。政府一般可以从政策激励保障和政策规划两个层面干预旅游发展，从而影响旅游利益相关者利益均衡。通过市场监管、投诉管理、听取意见等方式方法，激励并保障扎尕那旅游有序发展，“每一个游客到了迭部，都会收到一个迭部旅游的短信，里面有旅游咨询的电话，有困难或者建议可以打电话反馈”“专门有一个消费维权执法，执法人员去了以后先行赔付”。通过制定、公开政策，对居民改建进行限制，以保持扎尕那天然古朴的原始风貌，如“原来房顶全部是彩钢，这两年全部都恢复成原来的那种踏板，整个风貌恢复得比较好”。

（4）居民能力是扎尕那旅游利益相关者利益均衡的内在驱动力。在利益驱动下，由于早期的“示范效应”，当地居民为改善经济条件，陆续参与到旅游发展中，居民能力在旅游活动中不断提高，如“原来的话，他们有牧场，一两个人留在家里，其他人到牧场上放牧，现在，他们把牧场上的牛羊卖掉以后，回来在家里盖房子，经营藏家乐，通过开藏家乐，家家户户条件都非常好，经济收入也很可观”，居民能力植根于扎尕那旅游利益相关者利益均衡过程中。

（5）旅游者偏好是扎尕那旅游利益相关者利益均衡的外在驱动力。旅游者偏好从原生态景观、文化、食宿、旅游市场秩序等方面来考量。城镇旅游者偏好乡村景观、别具一格的文化氛围、农家饭菜等，如“景区内开了好多家藏家乐，以藏餐和川菜为主，而且还在大兴土木，业日村口有家川菜馆，感觉很实惠”“扎尕那有许多这种藏族木结构建筑用于藏家乐，扎尕那因独特的地理地貌和原始淳朴的藏家生活，使其不仅成为游客的观光胜地，而且还是爱好摄影写生人的理想天堂”。

5.2.4.3 选择性编码

选择性编码是对主轴性编码中得到的主范畴进行进一步的整合和精炼，主要用于处理范畴间的关系，目的是从主范畴中挖掘统领其他所有范畴的核心范畴，深入讨论核心范畴与主范畴及其他范畴或概念间的关系，并用故事线的形式系统联结核心范畴与其他范畴、描述现象行为和条件脉络，最终构建理论框架的过程。

通过对当地居民感知、旅游影响、居民能力、政府职能发挥、旅游者偏好、权力结构、冲突这 7 个范畴以及相应副范畴的深入考察，并对原始资料进行比较和提问，认为可以用“扎尕那旅游利益相关者利益诉求和利益均衡机制”这一范畴作为核心范畴来统领其他范畴及概念，归纳出如下故事线。

扎尕那当地政府和当地居民发挥主观能动性，逐步发展扎尕那旅游业，发展过程中产生正面积极的旅游影响，促进了扎尕那旅游利益相关者利益均衡。当地居民面对旅游带来的红利纷纷投身旅游相关的经营活动，当地也成立了旅游企业进一步规范管理景区。伴随着更多旅游者的到来，各旅游利益相关者之间产生不同的利益诉求，针对这些利益诉求的应对措施，将以促进、破坏的作用，反馈到旅游利益相关者利益均衡机制中。

5.2.5 旅游利益相关者利益均衡机制模型构建

经过开放性编码、主轴性编码和选择性编码过程，最终形成两大主范畴来统领其他范畴和概念，基于上述编码，构建出扎尕那旅游利益相关者利益均衡机制模型，这一均衡机制模型也是对旅游利益相关者利益均衡的故事线的概括，如图 5-1 所示。

因“扎尕那旅游利益相关者利益诉求”“扎尕那旅游利益相关者利益均衡机制”两个主范畴存在时间上的先后顺序，在建立模型时便以主范畴作为节点，划分出“扎尕那旅游发展初期”“扎尕那旅游利益诉求期”“扎尕那旅游利益诉求反馈期”三个阶段。

5.2.5.1 扎尕那旅游发展初期

扎尕那开展旅游活动初期，当地居民大都属于半农半牧生活状态，大家并不了解发展旅游能带来什么。当地政府确立扎尕那以旅游为支柱产业，依托扎尕那天然丰富的景观资源，着手筹建旅游配套资源，同时通过参与旅游推介会等方式大力宣传扎尕那，希望吸引更多旅游者的到来。随着扎尕那知名度的不断提高，越来越多的旅游者到扎尕那观光旅游，最先参与到扎尕那旅游活动中的当地居民获得了发展旅游所带来的红利。当地居民在“示范效应”下，陆续参与到扎尕那旅游活动中，纷纷改建自家房屋，修建酒店、藏家乐及餐馆，当地政府部门也制定相关政策帮扶当地居民。此时，当地居民开始意识到旅游的发展能够带来实际的经济效益，并开始赞同政府部门旅游开发的工作。由于还处于旅游发展探索阶段，这一时期的当地政府部门对当地居民修建房屋等的相关限制也很少，当地居民为迎合旅游者对于食宿的高要求，纷纷朝着现代化的模式改造房屋，大量引入彩钢、瓷砖等现代化装修材料，当地村落在外观上与过去产生较大差异，一些新修的房屋与村落里其他房屋甚至与村落整体环境格格不入，但日益增多的餐馆、酒店和藏家乐也确实满足了越来越多旅游者的需求。

综上所述，政府的宏观指导与规划，发挥政府职能，带领扎尕那当地居民产生对旅游最开始的认知，当地居民依托自身能力，使扎尕那的旅游发展迅速。一方面，扎尕那旅游需求旺盛，自驾出行的旅游者开始增多；另一方面，当地居民在经济利益的刺激下，“示范效应”显著，越来越多的当地居民参与到旅游业中，餐饮住宿生意日渐红火，旅游供给能力增强，当地居民能力也日益增强，总体上扎尕那旅游产生了正面、积极的影响。

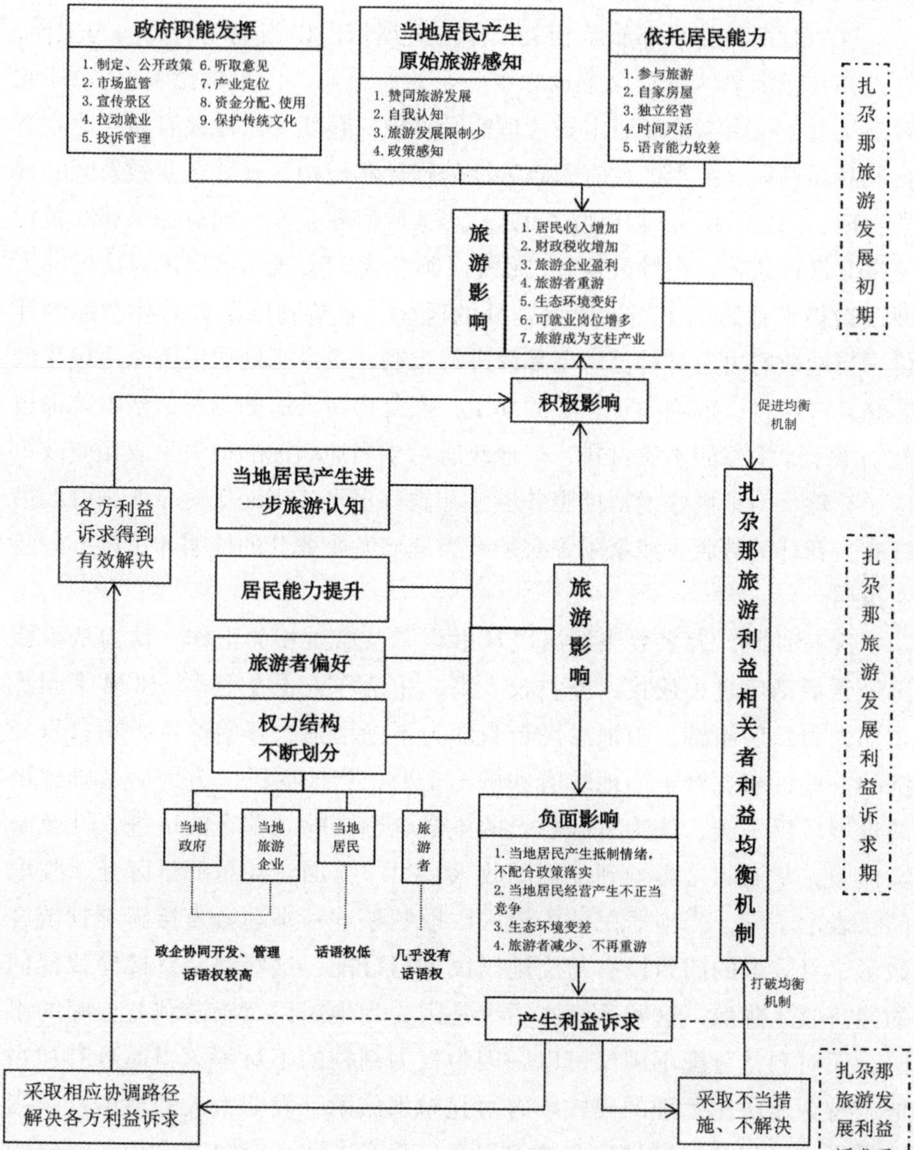

图5-1　扎尕那旅游利益相关者利益均衡机制模型

5.2.5.2 扎尕那旅游利益诉求期

这一时期，扎尕那旅游相关工作的开展依旧以当地政府部门为主导，并且在扎尕那景区管委会下设立了一个旅游公司（国企单位），扎尕那此时便从过去仅由当地政府主导管理的管理模式转变为当地政府和当地旅游企业共同管理，由当地政府做政策性的指导和规划，旅游企业做景区的日常管理、销售、服务等其他的问题，当地政府和企业共同对扎尕那旅游相关事务进行监管。在景区发展过程中，政府部门发现当地居民对房屋的大肆改造极大地影响了当地原始古朴的风貌，影响到旅游者对扎尕那的评价。当地政府决定对村落房屋翻修进行限制，责令当地居民拆除现代化的装修装饰材料，拆除高于三层的建筑，恢复房屋外墙的形态，室内装饰也鼓励采用原生态的木质材料，当地政府对于当地居民的损失采取相应政策给予补偿。为了更好地把控服务质量和硬件水平，当地旅游企业采取的措施有：新开的酒店、藏家乐等必须有当地旅游企业开的证明才可以办理营业执照。

这一时期，大多数当地居民从事旅游及旅游相关工作，认为从事旅游经营活动比过去放牧、务农收入高，生活压力也在变小，非常赞同扎尕那大力发展旅游。当地居民自身能力不断增强，开始产生影响自身经济的一些诉求。对于当地政府和旅游企业，当地居民一方面对基础建设的进展缓慢不满，认为基础建设的不健全会影响到游客的可进入性及游览体验，从而间接影响到他们的收入；另一方面对扎尕那景区开始收取门票表示不满，当地居民认为景区收取门票这一举动会直接影响到游客数量，且收取的门票没有与当地居民进行分配，这些都会直接导致他们的经济收入降低。这些不满本质上是因为当地居民对旅游利益分配的不满，而对利益分配不满又可以归因为权力结构的不对等。当地政府和当地旅游企业协作管理的模式享有对扎尕那旅游开发非常大的话语权，当地居民话语权低，且与政企缺乏沟通，没有办法在资源开发和利益分配上起主导作用，有不满却不知道要如何发声、反馈，只能抱怨。关于旅游者，当地居民虽然认为旅游者的到来一定程度上会影响到他们的生活，比如旅游旺季景区内会产生大量的垃圾，破坏生态环境，但总体上而言，当地居民非常欢迎更多旅游者的到来，当地居民在接待越来越多旅游者的过程中，自身见识得到提高，语言沟通能力也不断增强。

在当地政府、旅游企业的大力宣传下，越来越多的旅游者来到扎尕那景区，受访者访谈及网络口碑均表示偏爱扎尕那古朴自然的乡村风貌及淳朴的人文气息，希望扎尕那能保持这样相对原生态的环境。也有旅游者提到具有当地特色的饮食和住宿（藏家乐）也是扎尕那吸引他们的一个方面。相关访谈显示，很少有旅游者在扎尕那发生旅游纠纷，旅游者在扎尕那旅游秩序上表示较高满意度，当地政府部门表示产生旅游纠纷也有相关措施保障旅游者在扎尕那旅游时的权益。由于扎尕那当地居民与大多数旅游者文化背景并不相同，旅游者表示能尊重扎尕那当地居民的文化，也希望得到当地居民的尊重，互相尊重也是影响旅游者再度游览扎尕那的一个很重要的影响因素。

综上所述，在扎尕那利益诉求期，当地居民对旅游产生进一步认知，能力也进一步增强。在扎尕那越发红火的旅游活动中，各旅游利益相关主体间的冲突也随之产生，这些冲突本质上是因为权力结构的不对等，在冲突中也会体现出各旅游利益相关者的利益诉求。

5.2.5.3 扎尕那旅游利益诉求反馈期

扎尕那旅游利益相关者在旅游活动中产生的一系列利益诉求，可以通过采取有效措施解决，也可以不采取任何措施放任这些利益冲突不管，或者采取不当措施加深各旅游利益相关者之间的冲突。扎尕那旅游相关利益主体间的利益诉求得到解决，将产生正向旅游影响，促进扎尕那旅游利益相关者利益均衡，推动扎尕那旅游发展进程；若不采取措施解决，各旅游利益主体间的利益诉求或措施采取不当，则会打破扎尕那旅游利益相关者利益均衡，激化扎尕那各旅游利益主体间的矛盾，对扎尕那旅游发展造成不良影响。

5.2.6 扎尕那旅游利益相关者的利益诉求分析

5.2.6.1 当地居民

当地居民大都依靠扎尕那旅游从事个体经营，凭借旅游经营活动获得收入，也是扎尕那旅游发展最直接的受影响者，他们中的大多数认同旅游对地方经济有促进作用，并且可以创造一定的经济收益。但他们大都很难有扎尕那旅游发展的参与权和话语权，当地居民在扎尕那旅游开发管理中的话语决定权处于边缘化位置。当地居民非常希望进一步改善生活质量，也有着强烈的经济利益诉求，渴望通过参与到发展扎尕那旅游过程中来实现其愿望。此外，当地居民对于扎尕那生态环境的保护以及文化的传承也可以影响到旅游业的发展。经分析，扎尕那当地居民的利益诉求主要有以下几点。

（1）增加旅游决策中的话语权：在目前扎尕那旅游实践中，由于缺乏参与精神及知识匮乏、能力不足以及权力不足等诸多因素，当地居民的诉求往往得不到重视，很大程度上都是被动地参与旅游发展，发挥的作用极为有限，利益诉求也很难实现。随着扎尕那旅游的规范化，客流量逐渐增多，当地居民开始认同扎尕那旅游开发，并注意自身旅游利益诉求的表达。由于旅游服务业在扎尕那是支柱产业，更加充分参与到扎尕那旅游经营中是实现利益诉求的最好途径之一。在旅游开发收益如何分配方面，当地居民也应享有知情权和利益划分的参与权。

（2）完善基础设施：当地居民认为当地基础设施建设缓慢，一定程度上直接影响到自身生活的便利性；也影响到旅游者的可进入性，间接影响到自身相关旅游收益。

（3）互相尊重：扎尕那居民认为旅游者的活动对自身的影响、冲击相对不是很大。对于部分游客的不文明行为，扎尕那居民表示一般只能被动接受，少部分会采取说服制止。当地居民希望与旅游者之间能相互尊重，相关部门机构能够弥补缺失的游客管理，在景区内适当的位置添加旅游者行为指示牌、提示语等，指导并规范旅游者的行为。

（4）文化传承和保护环境：当地居民有独特的传统文化，他们希望传统文化能够不被破坏，甚至通过对扎尕那的开发，使传统文化能够得到传承和发扬。当地居民从理性上来说是希望扎尕那发展得越来越好的，以使本人以及家庭能够从中获利，因此从长远角度看，保护好当地生态环境、维持好古朴自然的村落形态，就是保证扎尕那旅游可持续发展的第一要务。

5.2.6.2 当地政府部门

当地政府部门在扎尕那旅游发展过程中，制定政策、主导发展方向并行使监督权力，是扎尕那旅游主导管理者、扎尕那文化保护的倡导者、社区发展的支持者、旅游企业的监督者、旅游公共服务和基础设施的提供者、旅游产业发展的促进者、旅游公共秩序的维护者、旅游环境的治理者以及旅游利益冲突的协调治理者等多重角色，能够对扎尕那旅游业发展产生重大影响。在扎尕那旅游发展过程中，政府部门的支持以及政策引导，也有利于旅游产业的规范化、秩序化发展。因此说政府部门在扎尕那旅游开发过程中起着重要的作用，政府部门是其中重要且核心的利益相关者，其影响力是比较深远重大的。通过对政府部门的特征以及作用分析，结合实际情况，可以得到在扎尕那旅游活动中，政府部门这一利益主体的利益需求主要体现在以下几个方面。

（1）引入外来资本：政府部门有政绩要求，在扎尕那旅游开发过程中，其政绩是通过对扎尕那旅游项目的引进、旅游项目招商引资等方式来实现的。而在扎尕那旅游持续发展过程中，资本制约是主要的障碍性因素，由于其地理位置偏远，交通不够便利，经济较为落后，因此引入外来资本对当地旅游开发显得尤为重要。

（2）提高当地的财政收入：政府的另一个作用是要实现当地经济的增长。当地政府部门通过推动扎尕那旅游业的发展带来更多的经济效应，拉动经济发展、提高财政税收、进一步提高当地就业率、维持当地社会的治安稳定。

（3）引进旅游专业人才：扎尕那本地旅游管理人员的专业程度较低，

当地政府部门没有专业的旅游人才，政府希望通过培训、外出交流、人才引进等方式吸引专业人才加入扎尕那旅游开发中。

（4）保护文化和生态环境：政府部门为了实现其社会治理的责任，在扎尕那旅游发展中，需要对当地藏民族文化进行保护，需要注重对资源的可持续利用，对生态环境进行保护。

（5）旅游利益相关者的理解：政府做的工作都要尊重和考虑扎尕那其他旅游利益相关者的意愿，政府合理的旅游开发进程获得相关旅游利益主体的理解和支持，有利于相关政策的落实，便于开展相关旅游活动。

（6）加大宣传：政府部门需要通过进一步、多渠道的宣传活动，来提高扎尕那的知名度，吸引大规模旅游者的到访。

5.2.6.3 旅游企业

旅游企业占据扎尕那旅游开发的投资权、旅游经营管理权，同时也拥有对扎尕那景区内旅游活动的监督管理权。此外，旅游企业在旅游目的地的开发建设中，也需要进行人力、财力、物力资源的投入，以此进行扎尕那旅游产品和服务的组织、宣传活动等，吸引游客以获得公司的运营和管理资本，为公司谋取收益是旅游企业的核心目标。经过分析，扎尕那旅游企业的利益诉求主要有以下几点。

（1）提高企业收入：提高企业收入是旅游企业最重要的利益需求。旅游企业作为“经济人”，本质上希望可以通过一切经营管理活动为公司获取经济收益，实现企业的盈利，最大限度地谋取经济利益，期待可以同时与政府部门和当地居民在利益分配上达成一致，确保利润回报周期短、收益高，投入可以转化为产出而回收。

（2）当地政府部门的政策扶持：目前我国旅游开发大多是“政府+企业”模式，可以获得较为可观的经济效益，旅游企业的功能也能得到发挥。然而在扎尕那，旅游企业正处在发展的初期，不可避免地显露出规模不大、档次不高的问题。旅游企业在扎尕那旅游开发中，就需要获得当地政府的相关政策方面的支持。

（3）当地居民积极配合：旅游企业想要在扎尕那实现持续发展，必须获得当地居民的大力支持，旅游企业期待当地居民能理解受益的方式并不是一味地获取经济利益，而是在当地更好的发展过程中获取其应得的效益，两者并不是站在利益的对立面的。这就需要旅游企业协助政府做好景区内基础建设工作，关于各项政策、收费标准向当地居民和旅游者做好解释工作，保障当地居民意见反馈通道畅通。

5.2.6.4 旅游者

旅游者是扎尕那利益相关者中不可或缺的一个部分。因为缺乏旅游者，旅游项目根本无法开展，旅游者的参与是扎尕那所有的旅游服务开展以及旅游产品能够获益的关键因素。经过分析，扎尕那旅游者的利益诉求主要有以下几点。

（1）完善的基础设施：旅游者对于景区的可进入性、基础设施是否完善要求较高，旅游者来扎尕那旅游最直接的目的就是获得最佳的旅游体验，希望能够享受高质量的旅游产品和服务质量。

（2）原生态的风貌及淳朴的人文氛围：旅游者偏好扎尕那自然古朴的风貌，同时反对当地旅游开发过度商业化，希望当地旅游开发能体现扎尕那的旅游特色，实现扎尕那文化遗产的传承、延续和保护，最大限度地维持扎尕那的原始风貌。

（3）稳定的旅游秩序：旅游者希望扎尕那能保持稳定的旅游秩序，并在旅游活动过程中享有对收费标准的知情权，对旅游纠纷的投诉权。

5.3 研究结论

第一，旅游影响是扎尕那旅游利益相关者利益均衡的核心发生机制；当地居民感知加速了扎尕那旅游利益相关者利益均衡进程；政府职能发挥干预了扎尕那旅游利益相关者利益均衡过程；居民能力是扎尕那旅游利益相关者利益均衡的内在驱动力；旅游者偏好是扎尕那旅游利益相关者利益均衡的外在驱动力。

第二，扎尕那旅游利益相关者的利益诉求主要表现为：当地居民在旅游开发经营管理活动上话语权低，与政府和旅游企业之间缺乏沟通，导致对对方的工作及相关政策的误解和不满，以及不满部分游客的不文明行为。政府部门、旅游企业财政困难，基础设施、道路工程修建缓慢，使得居民不满。游客抱怨可进入性差，游客期望原生态的景色不被破坏等。扎尕那旅游利益相关者的利益诉求可抽象为基础建设不完善、居民和政企缺乏沟通、利益分配期望、环境保护和文化背景差异 5 个概念。

第三，扎尕那旅游利益相关者的利益均衡机制中需要对相关利益主体赋予相应的权力，以保障其参与权和话语权的合理利用，需要依靠扎尕那当地居民、政府部门、旅游企业和旅游者之间创建顺畅的沟通渠道和利益表达机制，以确保各利益相关者的利益公平性，也需要借助各利益相关者的多方理解和合作，在保障多方利益中寻找共赢。实现利益相对均衡的关键是要确保扎尕那当地居民这样相对处于权利弱势群体的利益能够合理被保护和维持，加强利益沟通、利益表达，并构建合理的制度机制和保障机制等协调路径，这在一定程度上能够确保弱势群体的话语权和决策权。最后还要构建激励机制，刺激各旅游利益相关者的主观能动性，降低监督成本。

5.4 对策与建议

5.4.1 完善多方参与机制

5.4.1.1 健全引导参与机制

引导多方参与是扎尕那旅游利益相关者的利益均衡的基础，扩大多方交流与合作才能扩大共生界面。扎尕那旅游开发管理并不仅仅是政府和旅游企业两者的责任，扎尕那当地居民的参与也不可或缺。当地政府和旅游企业应当积极地引导扎尕那居民参与到扎尕那旅游的经营管理中来。同时，扎尕那旅游利益相关者的利益诉求也应当融入扎尕那旅游开发的管理过程、旅游规划、旅游资源经营、旅游利益分配、旅游资源保护等方面，而只有通过多方参与，承担共同责任才能确保不同利益诉求的满足。

寻求旅游开发的长远利益和可持续发展是扎尕那旅游利益相关者的共同责任，这也是扎尕那旅游开发管理的重中之重。因此，就要健全多方旅游利益主体进行旅游开发的管理，实施多元化参与，在履行共同责任中成就共同收益，铸造多方共赢的局面。

当地政府也要积极构建交流合作平台，引导扎尕那所在区域的其他景区彼此间的交流与合作，确保互利共赢、优势互补，齐心推进旅游事业发展。

5.4.1.2 健全利益共享机制

扎尕那应建立合理的利益分配机制和利益协调机制，坚持公平、公正、公开的原则，尽可能地满足各方利益诉求。明确各旅游利益相关者的权利、责任、利益划分，满足扎尕那旅游利益相关者的利益诉求，实现各旅游利益相关者之间的利益共享，如此方可更有效地扩大旅游共生界面，最终实现扎尕那旅游利益相关者的利益均衡和持续发展状态。

5.4.1.3 健全监督机制

扎尕那旅游利益相关者相互之间的监督，能够及时发现和处理相互之间潜在的矛盾冲突，维持扎尕那旅游事业的稳定发展。扎尕那旅游利益相关者监督机制是均衡多方利益的保障。首先，发挥政府的监督作用。政府是旅游管理中一系列制度和体系的制定者，调节着旅游企业和扎尕那当地居民的关系。可建立居民申诉机制，接受当地居民的上访和投诉，对于那些违反法律规定的部门和个人给予处罚；当地居民和经营管理者应监督旅游者行为，使当地的生态环境和文化传统免受破坏；旅游者应监督旅游经营者的旅游服务水平，保障自身权益不受损害。

作为一个共生体，扎尕那旅游的规划和决策不只是当地政府和旅游企业的个体行为，必须让居民参与进来，积极配合当地整体发展规划，广泛听取居民建议，经营管理和规划决策结果应公开透明，接受各利益相关者的监督和反馈。

其次，也要发挥舆论监督的作用，完善公众性参与。扎尕那在 2009 年被《中国国家地理》评选为“中国十大非著名山峰”。一座完整的天然“石城”，这样的旅游资源是全社会的共同财产，其旅游开发也需要体现全社会公众的意志。借助新闻、网络等媒体的公开作用和舆论导向功能，从而增强保护扎尕那环境和文化的力量，以此来弥补政企监督力量的欠缺。

5.4.2 健全多方利益沟通机制

沟通是协调利益关系、统一不同利益、保护各种合法利益以达到利益均衡的有效途径。推动、加强扎尕那旅游利益相关者之间的沟通，通过制定有效的沟通协调机制，帮助每个旅游利益相关者意识到相互间具有的重要意义。

事前沟通是确保信息对称的较好途径，信息对称的良好表现方式就是保障畅通的沟通；利益沟通机制建立的关键是利益代表。政府的行政性组织结构和旅游企业的公司制结构使得这两者的利益代表有较强的独立性和合法性，相互沟通较为便利。而扎尕那当地居民、旅游者等相对弱势的群体在利益代表方面存在一些问题，一方面这几类群体缺乏较为正式的利益代表，另一方面即便这几方选出了利益代表，但是获得政府或企业承认的可能性较小；利益沟通机制好坏的一个评判标准是能否保障利益相关者两方和多方顺畅的、常规的利益沟通；同时，单次的、零散化的沟通没有办法真实可靠地还原各利益相关者方的本真想法，而常规化的利益沟通可以确保利益需求沟通的完整性和连贯性（因为需求可能会在双方的沟通中不断发生微调整或变化），有利于通盘考虑利益相关者的利益关系、利益内容、获取利益的权利和应承担的责任。通过正式沟通，可以发挥各利益相关者之间的相互监督作用，制衡各方的利益，在沟通中通常借助形成的规范性文件保障沟通的成果。通过非正式沟通，可以拉近利益相关者双方的距离，有利于减弱不同利益者方的利益排斥与利益隔阂，在较为轻松的环境中方便开诚布公地沟通，也容易获得双方都较为满意的沟通结果。综上所述，建议在扎尕那旅游开发中采用如下措施。

（1）建立旅游利益主体的利益诉求表达渠道，为各旅游利益相关者提供一个能够将其利益需求进行表达的平台或者渠道，使得自己的具体利益诉求能够得到表达和反馈。

（2）开辟对称的利益沟通渠道和构建良性的利益沟通机制。扎尕那旅游开发管理者才能更全面、更切实地了解其他利益相关者的主张，才有可能站在不同的角度去进行决策，制定出尽可能实现各利益相关者利益均衡的旅游规划。

（3）利益沟通机制建立的前提是保障扎尕那居民、旅游者等弱势群体的利益代表的独立性和合法性。

（4）构建的利益沟通机制应该是全覆盖的、多角度的，能够提供和维持好双方和多方之间的沟通平台。

（5）机制内的利益沟通应该保持常规化、正式沟通和非正式沟通相结合。

5.4.3 构建激励机制

5.4.3.1 推行以股份制为基础的利益分配机制

当地居民住在扎尕那景区内，而旅游企业收取门票都要依靠扎尕那旅游资源，但是却没有给当地居民分红，当地居民不满于门票收入没有分红。众所周知，旅游社区是旅游活动发生的区域，居民对旅游发展支持与否严重影响游客的体验和一系列旅游活动的开展，利益分配的不公平还会成为构建和谐旅游社区的障碍。当地居民还普遍反映他们在重大村务中没有发言权，不能表达自己真实的想法，而表达的核心还是利益分配不公平。为了将当地居民的利益同旅游企业和政府部门利益联系起来，刺激居民参与资源保护、塑造扎尕那的良好形象，可以鼓励当地居民持股。

推行以股份制为基础的利益分配机制，居民的房屋、田产可以作为旅游资源，将其折合为股份，有条件的居民也可以通过出资获得股份。建立股份合作制被普遍认为是促进社区参与、确保合理收益分配的有效措施之一。股份合作制采取政府、旅游企业、居民合作方式，把土地、旅游资源、设施、资本等量化为股本入股参与旅游开发，利益按股分红。

5.4.3.2 引入完全意义上的股份期权

股份期权是约束旅游企业经营者，使其关心公司长远发展与长远利益的一种股份激励方式，公司经营者从股份期权获取的收益，主要表现为滞后收益。经营者在任职期间，从股份期权得到的只是账面收益，要等经营者任职结束后才能变现，如果经营者任职期间虚报业绩或者有其他违背职业道德的行为，任职结束后，收益会大打折扣或者甚至一无所获。为了更好地约束经营者的行为，在配置股份期权时需要加上几个约束条件:（1）股份期权行使权力时间至少 5 年以上。（2）股份期权的授予数额要以经营者的经营绩效为评价依据。（3）核心经营者及高级管理团队成员的股份期权在任职期结束前不能变现。提升公司的业绩等于提升自己的股票期权价值。

基于这样的利害关系，旅游企业经营者会更加努力去提升公司的业绩。从公司控制层面而言，股东在这种报酬形态下，将降低对经营层是否重视股东利益或是否违反股东利益的监督，进而减少监督成本。

参考文献

[1] Peters M. International tourism：The economics and development of the international tourist trade[M]. London：Hutchinson Radius，1969：1–12.

[2] Kadt E D，Jehuda E. Tourism：Passport to development：Perspectives on the social and cultural effects of tourism in developing countries[M]. Oxford：Oxford University Press，1979：34–39.

[3] Novelli M，Hellwig A. The UN millennium development goals，tourism and development：The tour operators' perspective[J].Current Issues in Tourism，2011，14（3）：205–220.

[4] Kwaramba H M，Lovett J C，Louw L，et al. Emotional confidence levels and success of tourism development for poverty reduction：The South African Kwame Makana home–stay project[J]. Tourism Management，2012，33（4）：885–894.

[5] Medinamuñoz D R，Medinamuñoz R D，Gutiérrezpérez F J. The impacts of tourism on poverty alleviation：An integrated research framework[J]. Journal of Sustainable Tourism，2015，24（2）：1–29.

[6] Song Deyi，Li Lihua. A review on overseas studies of tourism and poverty alleviation：In the perspectives of economy–wide research and poverty alleviation practice by tourism[J].Geography and Geo– Information Science，2014，30（3）：88– 92.

[7] Li Huiqin，Hou Linchun，Yang Shuwang，et al. Review of overseas research on pro–poor tourism[J]. Human Geography，2015（1）：26–32.

[8] Zeng B，Ryan C. Assisting the poor in China through tourism development：A review of research[J]. Tourism Management，2012，33（2）：239–248.

[9] Ding Huanfeng. A summary of the researches on China's poverty

elimination by tourism[J]. Tourism Tribune, 2014, 19（3）: 32- 36.

[10] Zeng Benxiang. Literature review on the research of tourism eliminating poverty in China[J]. Tourism Tribune, 2006, 21（2）: 89–94.

[11] Li Jia, Zhong Linsheng, Cheng Shengkui. Research progress on poverty elimination by tourism in China[J]. China Population, Resources and Environment, 2009, 19（3）: 156–162.

[12] Steinicke E, Neuburger M. The impact of community–based Afro–alpine tourism on regional development: A case study in the Mt Kenya region[J]. Mountain Research and Development, 2012, 32（4）: 420–430.

[13] Incera A C, Fernández M F. Tourism and income distribution: Evidence from a developed regional economy[J]. Tourism Management, 2015（48）: 11–20.

[14] Butler R, Curran R, Gorman K D. Pro–poor tourism in a First World urban setting: Case study of Glasgow Govan[J].International Journal of Tourism Research, 2013, 15（5）: 443–457.

[15] Zapata M J, Hall C M, Lindo P, et al. Can community–based tourism contribute to development and poverty alleviation: Lessons from Nicaragua[J]. Current Issues in Tourism, 2011, 14（8）: 725–749.

[16] Phommavong S, Sörensson E. Ethnic tourism in Lao PDR: Gendered divisions of labour in community–based tourism for poverty reduction[J]. Current Issues in Tourism, 2014, 17（4）: 350–362.

[17] Truong V D, Hall C M, Garry T. Tourism and poverty alleviation: Perceptions and experiences of poor people in Sapa, Vietnam[J]. Journal of Sustainable Tourism, 2014, 22（7）: 1071–1089.

[18] Tucker H, Boonabaana B. A critical analysis of tourism, gender and poverty reduction[J]. Journal of Sustainable Tourism, 2012, 20（3）: 437–455.

[19] Vanegas M. The triangle of poverty, economic growth, and inequality in Central America: Does tourism matter[J].Worldwide Hospitality and Tourism

Themes, 2014, 6 (3): 277–292.

[20] Croes R. The role of tourism in poverty reduction: An empirical assessment[J]. Tourism Economics, 2014, 20 (2): 207–226.

[21] Banerjee O, Cicowiez M, Gachot S. A quantitative framework for assessing public investment in tourism : An application to Haiti[J]. Tourism Management, 2015 (51): 157–173.

[22] Scheyvens R, Russell M. Tourism and poverty alleviation in Fiji: Comparing the impacts of small–and large–scale tourism enterprises[J]. Journal of Sustainable Tourism, 2012, 20 (3): 417–436.

[23] Li Yanqin. Differentiation and principal contradictions of residents'attitudes during pro–poor tourism development in poor rural communities: The case of Shiwei Village on the Sino–Russian border[J]. Geographical Research, 2011, 30 (11): 2030–2042.

[24] Gartner C, Cukier J. Is tourism employment a sufficient mechanism for poverty reduction: A case study from NkhataBay, Malawi[J]. Current Issues in Tourism, 2012, 15 (6): 545–562.

[25] Job H, Paesler F. Links between nature–based tourism, protected areas, poverty alleviation and crises: The example of Wasini Island (Kenya) [J]. Journal of Outdoor Recreation and Tourism, 2013: 18–28.

[26] Anderson W. Cultural tourism and poverty alleviation in rural Kilimanjaro, Tanzania[J]. Journal of Tourism and Cultural Change, 2015, 13 (3): 208–224.

[27] Guo Shu. Industrial chain tracing method for assessing pro–poor tourism impact[J]. Tourism Tribune, 2015, 30 (11): 31–39.

[28] Yang X, Hung K. Poverty alleviation via tourism cooperatives in China: The story of Yuhu[J]. International Journal of Contemporary Hospitality Management, 2014, 26 (6): 879–906.

[29] Muchapondwa E, Stage J. The economic impacts of tourism in

Botswana, Namibia and South Africa: Is poverty subsiding?[J].Natural Resources Forum, 2013, 37 (2): 80–89.

[30] Holden A, Sonne J, Novelli M. Tourism and poverty reduction: An interpretation by the poor of Elmina, Ghana[J]. Tourism Planning & Development, 2011, 8 (3): 317–334.

[31] Trau A M. Beyond pro- poor tourism: (re) Interpreting tourism-based approaches to poverty alleviation in Vanuatu[J]. Tourism Planning & Development, 2012, 9 (2): 149–164.

[32] Erskine L M, Meyer D. Influenced and influential: The role of tour operators and development organisations in tourism and poverty reduction in Ecuador[J]. Journal of SustainableTourism, 2012, 20 (3): 339–357.

[33] Thomas F. Addressing the measurement of tourism in terms of poverty reduction: Tourism value chain analysis in Lao PDR and Mali[J]. International Journal of Tourism Research, 2014, 16 (4): 368–376.

[34] Saayman M, Rossouw R, Krugell W. The impact of tourism on poverty in South Africa[J]. Development Southern Africa, 2012, 29 (3): 462–487.

[35] Scheyvens R. Tourism and poverty[M]. London: Rout ledge, 2011: 73.

[36] León Y M. The impact of tourism on rural livelihoods in the Dominican Republic's Coastal Areas[J]. The Journal of Development Studies, 2007, 43 (2): 340–359.

[37] Ashley C, Roe D, Goodwin H. Pro-poor tourism strategies: Making tourism work for the poor: A review of experience[M]. London: ODI, IIED, CRT, 2001: 22–23.

[38] Muchapondwa E, Stage J. The economic impacts of tourism in Botswana, Namibia and South Africa: Is poverty subsiding?[J]. Natural Resources Forum, 2013, 37 (2): 80–89.

[39] Lepp A. Residents' attitudes towards tourism in Bigodi Village,

Uganda[J]. Tourism Management, 2007, 28（3）: 876–885.

[40] Rogerson C M. Tourism and local economic development: The case of the Highlands Meander[J]. Development Southern Africa, 2002, 19（1）: 143–167.

[41] Mastny L. Redirecting international tourism[M].Starke L（ed.）State of the World. New York: Worldwatch Institute, 2002: 101–126.

[42] Mensah E A, Amuquandoh F E. Poverty reduction through tourism: Residents' perspectives[J]. Journal of Travel and Tourism Research, 2010: 77–96.

[43] Mayer M, Müller M, Woltering M, et al. The economic impact of tourism in six German national parks[J]. Landscape and Urban Planning, 2010, 97（2）: 73–82.

[44] Deller S. Rural poverty, tourism and spatial heterogeneity[J]. Annals of Tourism Research, 2010, 37（1）: 180–205.

[45] Blake A, Arbache J S, Sinclair M T, et al. Tourism and poverty relief[J]. Annals of Tourism Research, 2008, 35（1）: 107–126.

[46] Wattanakuljarus A, Coxhead I. Is tourism–based development good for the poor? A general equilibrium analysis for Thailand[J]. Journal of Policy Modeling, 2008, 30（6）: 929–955.

[47] Mitchell J, Faal J. Holiday package tourism and the poor in the Gambia[J]. Development Southern Africa, 2007, 24（3）: 445–464.

[48]Caroline Ashley, Harold Goodwin.Pro–poor tourism: Putting poverty at the heart of the tourism agenda [J] .ODI, 2000.

[49]Matthew J Walpole, H J G .Local economic impacts of dragon tourism in indonesia[J].Annals of Tourism Research, 2000, 27（3）: 559–576.

[50]Clive Poultney, A. S.Practical strategies for pro–poor tourism: Wideness safaris South Africa: Rocktail bay and ndumu lodge [Z].PPT Working Paper , 2001.

[51] Schilcher D. Growth versus equity：The continuum of pro-poor tourism and neoliberal governance [J]. Current Issues in Tourism，2007，10（2）：166-193.

[52]Rid W，Ezeuduji I O，Haider U P. Segmentation by motivation for rural tourism activities in the Gambia [J]. Tourism Management，2014，40（2）：102-116.

[53]Rogerson C M. Tourism-agriculture linkages in rural South Africa：Evidence from the accommodation sector[J]. Journal of Sustainable Tourism，2012，20（3）：477-495.

[54]Torres R，Momsen J H. Challenges and potential for linking tourism and agriculture to achieve pro-poor tourism objects [J]. Progress in Development Studies，2004，4（4）：294-318.

[55]Vogel，Harold L.（Harold Leslie）Travel industry economies：A guide for financial analysis[M].Cambridge，UK；New York：Cambridge University Press，2001.

[56]Jui-ChiChen.Foreeasting method applications to recreation and tourism demand[D].North Carolina State University，2000.

[57]Genoveva Millán Vázquez de la Torre，Luis Amador Hidalgo，Juan Manuel Arjona Fuentes. Rural tourism in the South of Spain：An opportunity for rural development [J]. Modern Economy，2014.

[58]Faridul Islam，Jack Carlsen. Tourism in rural bangladesh：Unlocking opportunities for poverty alleviation[J]. Tourism Recreation Research，2012：371.

[59] 黄国庆 . 国内旅游减贫研究综述 [J]. 安徽农业科学，2013，41（13）：5823.

[60] 李光明，马磊 . 旅游精准减贫绩效测度及空间分异研究——以新疆阿勒泰地区为例 [J]. 新疆社科论坛，2016（5）：22-27.

[61] 周建华，沈国琪 . 乡村旅游减贫成效评估体系及其影响因素研究

[J]. 湖州师范学院学报，2016，38（11）：2–8.

[62] 田翠翠，刘黎黎，田世政 . 重庆高山纳凉村旅游精准减贫效应评价指数模型 [J]. 资源开发与市场，2016，32（12）：1436–1440.

[63] 陈小丽 . 基于多层次分析法的湖北民族地区减贫绩效评价 [J]. 中南民族大学学报（人文社会科学版），2015，35（3）：76–77.

[64] 张海燕，向媛 . 民族贫困地区乡村旅游减贫绩效评价实证分析——以湘西土家族苗族自治州为例 [J]. 湖南文理学院学报（自然科学版），2016，28（4）：17–19.

[65] 李佳，田里 . 连片特困民族地区旅游减贫效应差异研究——基于四川藏区调查的实证分析 [J]. 云南民族大学学报（哲学社会科学版），2016，33（6）：96–99.

[66] 杨亚芹 . 邯郸市连片特困地区旅游减贫绩效的差异研究 [J]. 衡水学院学报，2016，18（4）：60–63.

[67] 毛婧瑶，葛咏，赵中秋，王小林，张永利，陈跃红，宋泳泽 . 武陵山贫困片区减贫成效评价与空间格局分析 [J].2016，18（3）：225–341.

[68] 龙祖坤，杜倩文，周婷 . 武陵山区旅游减贫效率的时间演进与空间分异 [J]. 经济地理，2015，35（10）：212–214.

[69] 杨德进，白长虹 . 我国旅游减贫生态效率的提升路径 [J]. 旅游学刊，2016，31（9）：12–13.

[70] 向延平 . 基于 CVM 法的凤凰古城旅游减贫生态绩效评价 [J]. 贵州农业科学，2010，38（10）：234–236.

[71] 张曦 . 连片特困地区参与式减贫绩效评价 [D]. 湘潭大学，2013.

[72] 熊瑶 . 重庆市秦巴山区连片减贫及减贫绩效研究 [D]. 重庆工商大学，2016.

[73] 叶俊 . 大别山试验区旅游减贫效应评估——以麻城龟峰山风景区为例 [J]. 湖北农业科学，2014，53（13）：3188–3190.

[74] 向延平 . 民族地区旅游减贫对民族关系影响的模糊分析——以湖南省吉首市德夯苗寨为例 [J]. 河南工程学院学报，2011，4（21）：1–3.

[75] 张文字 . 基于模糊粗糙模型的逼近精度分类规则提取策略 [J]. 系统工程理论与实践，2008（2）：68–73.

[76] 邢慧斌 . 国内旅游减贫绩效评估研究述评 [J]. 商业经济研究，2015（33）：127–129.

[77] 乔波，严贤春，王伟，黄尤优，费文华 . 社区参与型生态农业旅游及其减贫效用研究 [J]. 资源与产业，生态经济（中文版），2008，10（3）：56–57.

[78] 张晓明，张辉，魏伟新 . 基于旅游减贫战略的效应分析及创新对策研究——以星子县为例 [J]. 生态经济（中文版），2010（5）:138–141.

[79] 何景明，杨洋 . 旅游情境下民族村寨管理制度与经济绩效的比较研究——来自贵州郎德上寨和西江千户苗寨的案例 [J]. 贵州大学学报（社会科学版），2012，30（4）：82–86.

[80] 何红 . 陕南秦巴山区生态旅游区三重绩效评价指标体系的构建 [J]. 陕西理工学院学报（ 社会科学版），2014，32（4）：34–38.

[81] 吴国琴 . 大别山区旅游减贫生态绩效的实证分析——以豫南 4 个旅游减贫村为例 [J]. 信阳师范学院学报（自然科学版），2016，29（3）：378–379.

[82] 向延平 . 武陵山区旅游减贫生态绩效模糊分析——以湘鄂渝黔 6 个市州为例 [J]. 湖南农业科学，2012（13）：131–133.

[83] 张伟，张建春，魏鸿雁 . 基于贫困人口发展的旅游减贫效应评估——以安徽省铜锣寨风景区为例 [J]. 旅游学刊，2005，20（5）：45–47.

[84] 罗盛锋，黄燕玲 . 滇桂黔石漠化生态旅游景区减贫绩效评价 [J]. 社会科学家，2015（9）：97–100.

[85] 陈敏 . 光雾山景区旅游产业减贫长效机制研究 [J]. 牡丹江大学学报，2015（2）：29–32.

[86] 范俊，汪璐，周蓓蓓 . 旅游减贫长效机制的系统分析框架构建 [J]. 中国商贸，2011（18）：157–158.

[87] 周蓓蓓，李锦宏 . 旅游减贫长效机制研究——基于新农村建设视

角 [J]. 中共贵州省委党校学报，2011（3）：100–102.

[88] 蒋莉 . 基于社区参与的民族地区旅游减贫机制构建研究——以汝城县民族乡镇为例 [J]. 时代农机，2015（10）：72–74.

[89] 王耀斌，杨玲，刘秋霞，陆路正，陈海龙 . 基于多维贫困测度的民族地区乡村旅游减贫对象识别研究——以甘南藏族自治州扎尕那村为例 [J]. 资源开发与市场，2018，34（11）：1582–1586.

[90] 王耀斌，陆路正，魏宝祥，杨玲，刘秋霞，陈海龙 . 多维贫困视角下民族地区乡村旅游精准减贫效应评价研究——以扎尕那村为例 [J]. 干旱区资源与环境，2018，32（12）：190–196.

[91] 杨玲 . 基于多维贫困测度的民族地区乡村旅游扶贫对象精准识别——以扎尕那村为例 [D]. 西北师范大学，2018.

[92]Stephen F.Economic impact of tourism on wales[J].Tourism Management，1987（4）：306–316.

[93]J L Knetsch. Outdoor rcreation demands and benefits[J]. Land Economics，1963（39）：386–391.

[94]Stephen L Smith. Tourism analysis [M]. London：Longman Group UK Limited，1993.

[95]Shah K. Tourism，the poor and other stakeholders：Asian experience[R]. ODI Fair–Trade in Tourism Paper，London：ODI，2000.

[96]Archer B H，Fletcher J E. Multiplier analysis in tourism.Cahiers du Tourisme，Center Des Hautes Etudes Touristiques，Universite de Droit，D'Economie et Des Sciences，Aix en Provence（1991）.

[97]Cooper C P. Strategic planning for sustainable tourism：The case of offshore islands in the UK[J].Journal of Sustainable Tourism，1995，3（4）.

[98]Taylor J E. Tourism to the cook islands retrospective prospective[J]. Cornell Hotel and Restaurant Administration Quarterly. 2001（2）：70–81.

[99]Matthew J Walpole，Harold J Goodwin. Local economic impacts of dragon tourism in Indonesia[J]. Annals of Tourism Reserach，2000，27（3）：

559–576.

[100]Caroline Ashley, Charlotte Boyd, Harold Goodwin. Pro–poor tourism: putting poverty at the heart of the tourism agenda[J]. ODI, 2000.

[101]Ashley C, Roe D, Goodwin H.Pro–poor tourism strategies: Making tourism work for the poor, a review of experience[R/OL].[2014–09–18].Overseas Development Institute（ODI）, International Institutefor Environment and Development（IIED）, Center for Responsible Tourism（CRT）. Pro–poor tourism report, 2001.

[102]Wilkinson P F. Strategies for tourism in island microstates[J]. Annals of Tourism Research, 1989.

[103]Wall G. Perspectives on tourism in selected balinese villages[J]. Annals of Tourism Research, 1996, 23（1）: 123–137.

[104]Roe D, Catherine H. Addressing poverty issues in tourism standards[R]. PPT Working Paper , 2003.

[105]Joseph.E.Enclave tourism and socio–economic impact in the Okavanngo Delta, Bostswana[J].Tourism management, 2005（26）: 157–172.

[106]Christian M. Rogerson. Tourism–agriculture linkages in rural South Africa: evidence from the accommodation sector[J]. Journal of Sustainable Tourism, 2012, 20（3）: 477–495.

[107]Akyeampong Oheneba Akwasi.Pro–poor tourism: residents' expectations, experiences and perceptions in the Kakum National Park Area of Ghana[J].Journal of Sustainable Tourism, 2011, 19（2）: 197–213.

[108]Gurung H.Environmental management of mountain tourism in Nepal[Z].Report on study conducted for economic social commission for the Asia and the Pacific（ESCAP）, Bangkok. New York: United Nations（ST/ESCAP/959）, 1991.

[109]Simpson M C. Community benefit tourism initiatives–A conceptual oxymoron[J]. Tourism Management, 2008, 29（1）: 1–18.

[110] Nicholson T. Culture, Tourism and local strategies towards development: Case studies in the Philippines and Vietnam[Z]. Research Report（R6578）submitted to ESCOR[M]. London: DIFD.1997.

[111]Sudhiani Pratiwi. Understanding local community participation in ecotourism development: A critical analysis of select published literature, 2000.

[112]Karethi S. Coping with declining tourism, examples from communities in Kenya[R]. PPT Working Paper, 2003.

[113]Speceley Anna. Benefits to the poor from gorilla tourism in Rwanda[J]. Development in Southern Africa, 2010, 27（5）: 647–381.

[114] 郭清霞 . 旅游扶贫开发中存在的问题及对策研究 [J]. 经济地理，2003（7）：558–559.

[115] 丁焕峰 . 国内旅游扶贫研究述评 [J]. 旅游学刊，2004，19（3）：32–36.

[116] 隆学文，马礼 . 坝上旅游扶贫效应分析与对策研究——以丰宁县大滩为例 [J]. 首都师范大学学报（自然科学版），2004，25（1）：74–80.

[117] 陈丽华，董恒年 . 可持续旅游扶贫开发模式研究：社区参与乡村旅游 [J]. 淮海工业学院学报（社会科学版），2008（1）：76 – 79.

[118] 张蕾，赵志强 . 政府引导型旅游扶贫模式的问题和对策——以张家口为例 [J]. 中国经贸导刊（中），2019（5）：77–78.

[119] 程龙 ."文化 + 旅游"扶贫模式的实施成效与对策研究——基于文家坝村的案例分析 [J]. 现代交际，2019（2）：230–232.

[120] 向春敏 . 黔东南"三共三带"旅游扶贫模式的实践及意义 [J]. 山西农经，2018（23）：39–40.

[121] 张成 ."三变"改革 + 旅游扶贫开发模式研究——以贵州省六盘水市为例 [J]. 旅游纵览（下半月），2018（9）：148–149.

[122] 胡凯璐，袁倩文，高翔，高路 . 全域旅游视角下贵州省县域扶贫开发模式研究 [J]. 农村经济与科技，2018，29（15）：100–101.

[123] 卢玉平 . 精准扶贫视角下福建省乡村生态旅游模式开发研究 [J].

农业经济，2018（8）：36–38.

[124] 徐建辉．“旅游 + 交通 + 扶贫”模式值得推广 [N]. 抚州日报，2018–07–04（B01）.

[125] 韩静．清远市龙坪镇——探索“旅游 + 产业 + 扶贫”模式 [J]. 小康，2018（17）：36–37.

[126] 秦治辉．南太行旅游扶贫模式研究 [D]. 河南师范大学，2018.

[127] 银马华，王群，杨兴柱，司新新．区域旅游扶贫类型与模式研究——以大别山集中连片特困区 36 个县（市）为例 [J]. 经济地理，2018，38（4）：215–224.

[128] 凌丽君．茶乡生态旅游精准扶贫模式研究 [J]. 福建茶叶，2018，40（3）：121.

[129] 方镇．武陵山片区旅游扶贫模式研究——基于利川市苏马荡的调查 [J]. 当代经济，2017（35）：34–35.

[130] 北京博雅方略红色旅游研究所．浅析红色旅游扶贫富民的模式类型 [N]. 中国旅游报，2017–08–04（A03）.

[131] 陈赛．璋嘉村乡村旅游扶贫模式的思考 [J]. 旅游纵览（下半月），2017（5）：188–189.

[132] 张侨．旅游扶贫模式和扶贫效应研究——基于海南省贫困地区的调查数据分析 [J]. 技术经济与管理研究，2016（11）：124–128.

[133] 白野，朝鲁．农业旅游的扶贫效应阐述 [J]. 现代经济信息，2016（22）：341.

[134] 韩伶娟．新形势下三峡大坝景区发展的旅游扶贫效应 [J]. 旅游纵览（下半月），2018（7）：159–160.

[135] 唐波，李燕芬．粤北山区农村旅游扶贫经济效应与发展路径 [J]. 南方农村，2018，34（5）：39–45.

[136] 邓小海，曾亮，罗明义，肖洪磊．云南乌蒙山片区所属县旅游扶贫效应分析 [J]. 生态经济，2015，31（2）：134–138.

[137] 张秀云．旅游扶贫效应对政治信任的影响研究 [D]. 昆明理工大

学，2017.

[138] 欧汉杰 . 南宁市邕宁区乡村旅游扶贫的实践与思考 [J]. 经济研究导刊，2019（4）：171–173.

[139] 吴晓芳 . 下党乡旅游扶贫现状、问题和对策研究 [J]. 郑州铁路职业技术学院学报，2018，30（4）：69–71.

[140] 顾佳琪 . 贵州少数民族地区旅游扶贫开发存在的问题及对策建议 [J]. 旅游纵览（下半月），2018（11）：170–171.

[141] 毛玲 . 基于精准扶贫视角的乡村旅游开发问题研究——以重庆市武隆区大洞河乡为例 [J]. 绿色科技，2018（21）：239–241.

[142] 李明 . 河北省平山县旅游扶贫问题研究 [D]. 河北经贸大学，2018.

[143] 郭玲，吴玫 . 构建赣南乡村旅游扶贫模式研究 [J]. 现代园艺，2018（23）：51–52+195.

[144] 刘学艺 . 陕西省乡村旅游扶贫发展模式研究 [J]. 度假旅游，2018（7）：113–114.

[145] 张青，赵伟 . 我国乡村旅游脱贫模式研究——对五龙河农业生态农场的模式具体分析 [J]. 邢台学院学报，2018，33（2）：29–33.

[146] 梁倩 . 乡村文化旅游扶贫开发模式构建——以贵州省为例 [J]. 现代经济信息，2017（11）：494.

[147] 操婷 . 政府主导型扶贫模式对乡村旅游发展的影响研究 [D]. 昆明理工大学，2017.

[148] 汪姣 . 乡村振兴战略下的民族地区旅游可持续扶贫研究 [J]. 农业经济，2018（8）：30–32.

[149] 黄进 . 乡村旅游研究与实践 [D]. 中南林学院，2001.

[150] 邓清南 . 农村旅游与旅游扶贫思考 [J]. 农村经济，2004（6）：36–39.

[151] 游佩媛 . 旅游扶贫模式研究 [D]. 北京第二外国语学院，2006.

[152] 文军，李星群 . 少数民族地区乡村旅游扶贫研究——以桂林龙

胜龙脊景区为例 [J]. 广西民族研究，2008（4）：195–202.

[153] 洪京 . 乡村地区旅游扶贫中贫困人口受益机制的实证研究 [D]. 湖南师范大学，2009.

[154] 吴应香 . 少数民族社区参与旅游扶贫研究 [D]. 云南大学，2010.

[155] 毛玮 . 湘西自治州旅游扶贫研究 [D]. 中南大学，2011.

[156] 张军，蒋黄蓁苑，时朋飞 . 美丽乡村视域下的旅游扶贫模式与效应研究——以湖北省十堰市张湾区为例 [J]. 湖北社会科学，2017（6）：60–68+115.

[157] 尚清芳 . 基于 DEA—Malmquist 指数的乡村旅游扶贫效率评价——以秦巴山区陇南市为例 [J]. 安康学院学报，2018，30（4）：88–92+116.

[158] 郭舒 . 基于产业链视角的旅游扶贫效应研究方法 [J]. 旅游学刊，2015，30（11）：31–39.

[159] 李倩 . 旅游精准扶贫效应分析——以产业链条跟踪法为视角 [J]. 社会科学家，2018（8）：76–79.

[160] 叶俊 . 大别山试验区旅游扶贫效应评估——以麻城龟峰山风景区为例 [J]. 湖北农业科学，2014，53（13）：3187–3190.

[161] 李佳，钟林生，成升魁 . 中国旅游扶贫研究进展 [J]. 中国人口·资源与环境，2009，19（3）：156–162.

[162] 黄登斌，喻晓玲 . 居民对非遗旅游扶贫效应感知与参与行为研究 [J]. 合作经济与科技，2018（15）：164–166.

[163] 倪茜楠 . 旅游扶贫模式研究 [D]. 河南大学，2012.

[164] 张美娥 . 基于旅游扶贫视角的乡村民宿经营模式创新研究 [D]. 福建农林大学，2017.

[165] 王军军 . 漓江流域生态旅游扶贫开发研究 [D]. 广西师范大学，2008.

[166] 卜晓梅 . 山西省和顺县旅游扶贫开发研究 [D]. 中国海洋大学，2009.

[167] 李会琴，李晓琴，侯林春 . 黄土高原生态环境脆弱区旅游扶贫效应感知研究——以陕西省洛川县谷咀村为例 [J]. 旅游研究，2012，4（3）：1-6.

[168] 董燕晶 . 炎陵县旅游扶贫开发研究 [D]. 湖南师范大学，2014.

[169] 李沛 . 湖北大别山区旅游脱贫问题研究 [D]. 华中师范大学，2013.

[170] 龙梅，张扬 . 民族村寨社区参与旅游发展的扶贫效应研究 [J]. 农业经济，2014（5）：48-50.

[171] 冯伟林，周丹，向从武 . 西南民族地区旅游扶贫的农户参与和效应感知研究——以重庆武陵山片区为例 [J]. 江苏农业科学，2017，45（15）：314-318.

[172] 刘亚男，武永超，甘晓成 . 改革开放四十年来旅游扶贫研究知识图谱——基于 Citespace 的计量分析 [J]. 江西广播电视大学学报，2019，21（1）：70-74.

[173] 龚晓宽 . 中国农村扶贫模式创新研究 [D]. 四川大学，2006.

[174] 马冬梅 . 宁夏六盘山区旅游扶贫开发思路及对策研究 [D]. 西安建筑科技大学，2006.

[175] 田润乾 . 基于旅游扶贫的社区参与研究 [D]. 河南大学，2010.

[176] 王铁 . 基于 Pro-Poor Tourism（PPT）的小尺度旅游扶贫模式研究 [D]. 兰州大学，2008.

[177] 包军军，严江平 . 基于村民感知的旅游扶贫效应研究——以龙湾村为例 [J]. 中国农学通报，2015（6）：278-283.

[178] 田翠翠，刘黎黎，田世政 . 重庆高山纳凉村旅游精准扶贫效应评价指数模型 [J]. 资源开发与市场，2016（12）：1436-1440.

[179] 杨建春，肖小虹 . 贵州旅游扶贫效应动态分析 [J]. 商业研究，2011（7）：212-216.

[180] Mathieson A，Wall G. Tourism：Economics，physical，and social impacts[M]. Longman Inc，1982.

[181]Scheyvens Regina. Exploring the tourism–poverty nexus[J]. Current Issues in Tourism，2007，10（2）：231–254.

[182]Sharpley Richard ，Naidoo Perunjodi.Tourism and poverty reduction：The case of Mauritius[J].2010，2（7）：145–162.

[183] 张伟，张建春 . 国外旅游与消除贫困问题研究评述 [J]. 旅游学刊，2005，20（1）：90–93.

[184] 周歆红 . 关注旅游扶贫的核心问题 [J]. 旅游学刊，2002，17（1）：17–19.

[185]David Harrison.Pro–poor tourism：A critique[J].2008，29（5）：851–868.

[186]Sharpley Richard ，Naidoo Perunjodi.Tourism and poverty reduction：The case of Mauritius[J].Tourism and Hospitality Planning & Development，2010，7（2）：145–162.

[187] 李会琴，侯春林，杨树林，J Brent Ritchie. 国外旅游扶贫研究进展 [J]. 人文地理，2015，130（1）：26–31.

[188] Sofield T，Bauer J，De Lacy T，et al. Sustainable tourism–eliminating poverty（ST–EP）：An overview[R/OL]. [2014–09–18]. Cooperative Research Center for Sustainable Tourism，2004.

[189]Sinclair M.Tourism and economic development：A survey[J].Journal of Development Studies ，1998，34（5）：1–51.

[190]Roe D，C Ashley，S Page，D Meyer.Tourism and the poor：Analysing and interpreting tourism statistics from a poverty perspective[J].Pro–Poor Tourism Working Paper，2007.

[191] Oliver Bennett，Caroline Ashley.Sustainable tourism and poverty elimination study：A peport to the depanment for international development，1999.

[192]Taylor John E.Tourism to the cook islands retrospective and prospective[J]. Cornell Hotel & Restaurant Administration Quarterly，2001，42（2）：70.

[193]McCulloch N, L Winters, X Cirera.Trade liberalization and poverty: A handbook[M].London: Center for Economic Policy Research, 2000.

[194]Kevin Kiernan.The nature conservation, geotourism and poverty reduction nexus in developing countries: A case study from the Lao PDR[J]. Geoheritage, 2013, 5 (3): 207–225.

[195] Hubert Job, Ferdinand Paesler.Links between nature-based tourism, protected areas, poverty alleviation and crises—The example of Wasini Island (Kenya) [J].Journal of Outdoor Recreation & Tourism, 2013: 18–28.

[196] Andrew Lepp.Residents' attitudes towards tourism in Bigodi village, Uganda[J].Tourism Management, 2007, 28 (3): 1429–1435.

[197]Mensah E A, Amuquandoh F E. Poverty reduction through tourism: Residents' perspectives[J]. Journal of Travel and Tourism Research, 2010: 77–96.

[198] Mastny L. Redirecting international tourism[M].Starke L (ed.) State of the World. New York: Worldwatch Institute, 2002: 101–126.

[199] León Y M. The impact of tourism on rural livelihoods in the Dominican Republic's Coastal Areas[J]. The Journal of Development Studies, 2007, 43 (2): 340–359.

[200] Ashley C, Roe D, Goodwin H. Pro-poor tourism strategies: Making tourism work for the poor: A review of experience[M]. London: ODI, IIED, CRT, 2001: 22–23.

[201] Muchapondwa E, Stage J. The economic impacts of tourism in Botswana, Namibia and South Africa: Is poverty subsiding?[J]. Natural Resources Forum, 2013, 37 (2): 80–89.

[202] Rogerson C M. Tourism and local economic development: The case of the Highlands Meander[J]. Development Southern Africa, 2002, 19 (1): 143–167.

[203] Mayer M, Müller M, Woltering M, et al. The economic impact of

tourism in six German national parks[J]. Landscape and Urban Planning，2010，97（2）：73–82.

[204]Deller S. Rural poverty，tourism and spatial heterogeneity[J]. Annals of Tourism Research，2010，37（1）：180–205.

[205]Blake A，Arbache J S，Sinclair M T，et al. Tourism and poverty relief[J]. Annals of Tourism Research，2008，35（1）：107–126.

[206]Wattanakuljarus A，Coxhead I. Is tourism–based development good for the poor? A general equilibrium analysis for Thailand[J]. Journal of Policy Modeling，2008，30（6）：929–955.

[207]Mitchell J，Faal J. Holiday package tourism and the poor in the Gambia[J]. Development Southern Africa，2007，24（3）：445–464.

[208]Moustafa A Mekawy.Responsible slum tourism：egyptian Experience[J].Annals of Tourism Research，2012，39（4）：2092–2113.

[209]McCulloch N，L Winters，X Cirera.Trade liberalization and poverty：A handbook[M].London：Center for Economic Policy Research，2001.

[210] 谭丽燕，李月兰 . 少数民族地区旅游开发扶贫模式探讨——以广西少数民族地区旅游开发扶贫为例 [J]. 广西师范学院学报（自然科学版），2006（23）：133–134.

[211] 覃建雄，张培，陈兴 . 旅游产业扶贫开发模式与保障机制研究——以秦巴山区为例 [J]. 西南民族大学学报（人文社会科学版），2013（7）：134–138.

[212] 殷红梅，徐燕 . 贵州省贫困地区乡村旅游产业化扶贫建设模式探讨 [J]. 贵州农业科学，2011，39（10）：198–200.

[213] 杨德进，白长虹，牛会聪 . 民族地区负责任旅游扶贫开发模式与实现路径 [J]. 人文地理，2016，131（4）：119–122.

[214] 鲍青青，郭传燕 . 广西贫困地区乡村旅游扶贫攻坚新模式探讨 [J]. 广西科技师范学院学报，2016，31（6）：113–115.

[215] 周建华，沈国琪 . 乡村旅游扶贫成效评估体系及其影响因素研

究 [J]. 湖州师范学院学报，2016，11（38）：1.

[216] 王晴 . 民族地区旅游扶贫机制选择与绩效评价：以西藏当雄县为例 [D]. 西南财经大学，2013.

[217] 何红，王淑新 . 集中连片特困区域旅游扶贫绩效评价体系的构建 [J]. 湖北文理学院学报，2014（8）：74–79.

[218] 李佳，田里 . 连片特困民族地区旅游扶贫效应差异研究——基于四川藏区调查的实证分析 [J]. 云南民族大学学报（哲学社会科学版），2016，33（6）：97–100.

[219] 丁焕峰 . 农村贫困社区参与旅游发展与旅游扶贫 [J]. 农村经济，2006（9）：50–52.

[220] 饶勇，徐圆 . 旅游扶贫开发背景下的村民直选、社区增权与联合治理机制研究——以广东省新丰县利坑村为例 [J]. 中国集体经济，2016（1）：10.

[221] 蒋莉 . 基于社区参与的民族地区旅游扶贫机制构建研究——以汝城县民族乡镇为例 [J]. 时代农机，2015，42（10）：72–73.

[222] 邓小海 . 旅游精准扶贫研究 [D]. 云南大学，2015.

[223] 王永莉 . 旅游扶贫中贫困人口的受益机制研究——以四川民族地区为例 [J]. 经济体制改革，2007（4）：93–94.

[224] 刘春莲，李茂林 . 基于贫困人口发展的少数民族贫困地区乡村旅游扶贫研究——以黔东南州南花村为例 [J]. 湖北成人教育学院学报，2012，2（18）：63–64.

[225] 鲁明勇 . 旅游产权制度与民族地区乡村旅游利益相关者行为关系研究 [J]. 中南民族大学学报（人文社会科学版），2011，31（2）：40–42.

[226] 郭清霞 . 旅游扶贫开发中存在的问题及对策研究 [J]. 经济地理，2003（7）：558 –559.

[227] 李莉 . 重庆旅游扶贫问题及提升对策研究 [J]. 现代商贸工业，2013（9）：49–50.

[228] 蒋焕洲 . 贵州民族地区旅游扶贫实践：成效、问题与对策思考

[J]. 广西财经学院学报，2014（2）：34–48.

[229] 陈袁丁 . 少数民族地区乡村旅游扶贫问题浅析——以恩施市太阳河乡为例 [J]. 中外企业家，2014（10）：198.

[230] 杨秋宁 . 务困地区女性居民对旅游扶贫效应感知研究——以广西隆林县德峨镇为例 [D]. 广西大学，2016.

[231] 姚娟，陈飙，田世政 . 少数民族地区游客乡村旅游质量感知研究——以新疆昌吉州杜氏农庄为例 [J]. 旅游学刊，2008，23（11）：75–77.

[232] 龙祖，坤罗栋，任红丹 . 基于扶贫效率的旅游精准扶贫机制构建——以韶山新湖村为例 [J]. 湖南财政经济学院学报，2017，1（33）：63.

[233] 张海燕，向媛 . 民族贫困地区乡村旅游扶贫绩效评价实证分析——以湘西土家族苗族自治州为例 [J]. 湖南文理学院学报（自然科学版），2016，4（28）：16.

[234] 洪京 . 乡村地区旅游扶贫中贫困人口受益机制的实证研究——以邵阳为例 [D]. 湖南师范大学，2016.

[235] 向延平 . 民族地区旅游扶贫对民族关系影响的模糊分析——以湖南省吉首市德夯苗寨为例 [J]. 湖南工程学院学报（社会科学版），2011，4（21）：1–4.

[236] 张岩松 . 发展与中国农村反贫困 [M]. 北京：中国财政经济出版社，2004：26.

[237] 叶普万 . 贫困经济学研究 [M]. 北京：中国社会科学出版社，2003：4.

[238] 叶普万，王军 . 全球视野内的中国贫困问题研究 [J]. 山东社会科学，2005（5）：14–17.

[239] 李永文，陈玉英 . 旅游扶贫及其对策研究 [J]. 背景第二外国与学院学报，2002（4）：74.

[240] 隆学文，马礼 . 坝上旅游扶贫效应分析与对策研究 [J]. 首都师范大学学报（自然科学版），2004，1（25）：75.

[241] 吴忠军 . 论旅游扶贫 [J]. 广西师范大学学报，1996，32（4）：

18.

[242] 高舜礼 . 对旅游扶贫的初步探讨 [J]. 中国行政管理，1997（7）: 22.

[243] 郭清霞 . 旅游扶贫开发中存下的问题及对策 [J]. 经济地理，2003，23（4）：558.

[244] 王维胜，张红 . 山西省平顺县旅游扶贫开发研究 [J]. 旅游经济，2010（11）：274.

[245] 江毅，姚润 . 提高扶贫“精准度”[J]. 瞭望新闻周刊，2006（4）: 26–28.

[246] 张兴堂，孙丽 . 扶贫资金使用应提高“精准度”[J]. 中国审计，2007（19）：39–40.

[247] 龚春银 . 农牧区扶贫资金的使用应提高“精准度”[J]. 新疆农牧业，2010（10）：35–36.

[248] 王思铁 . 浅谈精准扶贫 [N/OL].http：//www.scfpym.gov.cn/ 2014-03-27/2017-09-17.

[249] 汪三贵，郭子豪 . 论中国的精准扶贫 [J]. 贵州社会科学，2016（7）:44.

[250] 李鹍 . 农村精准扶贫：理论意蕴、实践路径与经验探寻——以湖北恩施龙凤镇扶贫实践为例 [J]. 理论导刊，2016（6）：59.

[251] 刘永福 . 扶贫 从“大水漫灌”到“滴灌”[N/OL]. 人民日报海外版，2015-01-08.

[252] 江涛 . 舒尔茨人力资本理论的核心思想及其启示 [J]. 扬州大学学报（人文社会科学版），2008，12（6）：84–87.

[253] 郑宝华，陈晓未，崔江红 . 中国农村扶贫开发的实践与理论思考 [M]. 北京：中国书籍出版社，2013：9.

[254] 刘小鹏，苏晓芳，王亚娟，赵莹，黄越 . 空间贫困研究及其对我国贫困地理研究的启示 [J]. 干旱区地理，2014，37（1）：144.

[255] 黄敬宝 . 从根本上解决农村贫困问题——以人力资本投资打破

我国农村贫困的恶性循环怪圈 [J]. 财经问题研究，2004，246（5）：94.

[256] 巩前文，张俊飚 . 农业自然灾害与农村贫困之间的关系——基于安徽省面板数据的实证分析 [J]. 中国人口・资源与环境，2007，17（4）：92.

[257] 银平均 . 社会排斥视角下的中国农村贫困 [J]. 思想战线，2007，33（1）：11.

[258] 张建华，陈立中 . 中量贫困研究述评 [J]. 经济学（季刊），2006，3（5）：678.

[259] 陈友华，苗国 . 人类发展指数：评述与重构 [J]. 江海学刊，2015（2）：91-92.

[260] Martin D.Management learning exercise and trainer's note for building grounded theory in tourism behavior[J].Journal of Business Research，2007，60（7）：742-748.

[261] Papathanassis A，Knolle F.Exploring the adoption and processing of online holiday reviews：A grounded theory approach[J].Tourism Management，2011，32（2）：215-224.

[262] Shakona M，Backman K，Backman S，Et al.Understanding the traveling behavior of muslims in the United States[J].International Journal of Culture，2015，9（1）：22-35.

[263] Arai S M.Tourist perceptions of souvenir authenticity：An exploration of selective tourist blogs[J].Current Issues in Tourism，2016，19（7）：1-16.

[264] Hardy A. Using grounded theory to explore stakeholder perceptions of tourism[J].Journal of Tourism & Cultural Change，2005，3（2）：108-133.

[265] Johnston C S.Towards a theory of sustainability，sustainable development and sustainable tourism：Beijing's hutong neighbourhoods and sustainable tourism[J]. Journal of Sustainable Tourism，2014，22（2）：195-213.

[266] Mehmetoglu M，Altinay L.Examination of grounded theory analysis with an application to hospitality research[J].International Journal of Hospitality

Management，2006，25（1）：12–33.

[267] Yuan S.Reflections on local specialties and gastronomic tourism[J]. Chinese Studies，2015，4（1）：15–19.

[268] Gao B W.An exploratory study into the meaning of phantasmal destination and the phenomenon of phantasmal tourism through the grounded theory method：The case of Shangri–La of Yunnan，China[D].Hong Kong Polytechnic University，2011.

[269] Lumsdon L M，Mcgrath P.Developing a conceptual framework for slow travel：A grounded theory approach[J].Journal of Sustainable Tourism，2011，19（3）：265–279.

[270]Nunkoo R，Ramkissoon H .Stakeholders' views of enclave tourism : A grounded theory approach[J].Journal of Hospitality & Tourism Research，2013，40（5）：557–558.

[271] 邓文君 . 基于扎根理论的中国旅游业人员跨文化敏感性研究 [D]. 浙江大学，2006.

[272] 苗学玲，保继刚 ."众乐乐"：旅游虚拟社区"结伴旅行"之质性研究 [J]. 旅游学刊，2007，22（8）：48–54.

[273] 张燚，刘进平，张锐 . 基于扎根理论的城市形象定位与塑造研究：以重庆市为例 [J]. 旅游学刊，2009，24（9）：53–60.

[274] 杨妮，马耀峰，白凯 . 基于扎根理论的城市形象定位研究——以潼关为例 [J]. 城市发展研究，2010，17（11）：72–76.

[275] 白凯 . 旅华美国游客目的地城市色彩意象认知研究 [J]. 地理学报，2012，67（4）：557–573.

[276] 高军，马耀峰，吴必虎等 . 外国游客对华旅游城市感知差异——以 11 个热点城市为例的实证分析 [J]. 旅游学刊，2010，25（5）：38–43.

[277] 王汝辉，吴涛，樊巧 . 基于扎根理论的三圣花乡旅游景区原住民生存感知研究 [J]. 旅游学刊，2014，29（7）：31–38.

[278] 王文辉 . 基于扎根理论的乡村生态旅游地居民相对剥夺感研究 [D]. 北京林业大学，2015.

[279] 王敏 . 基于网络游客评价的林州民宿感知研究 [J]. 干旱区资源与环境，2019（12）：43–46.

[280] 杨疏 . 乡村家庭旅馆体验性要素指标体系构建及应用——基于扎根理论研究法和 AHP 法 [D]. 浙江工商大学，2011.

[281] 张天问，吴明远 . 基于扎根理论的旅游幸福感构成——以互联网旅游博客文本为例 [J]. 旅游学刊，2014，29（10）：51–60.

[282] 谢彦君，樊友猛 . 身体视角下的旅游体验——基于徒步游记与访谈的扎根理论分析 [J]. 人文地理，2017（4）：129–137.

[283] 杨洋，蔡溢，殷红梅 . 扎根理论下“90 后”旅游者行为 TGM 模型构建与分析 [J]. 旅游学刊，2015，30（2）：52–60.

[284] 单铭磊 .ESI 模型下社区文化认同响应旅游开发内在机理研究——以聊城东昌古城景区为例 [J]. 聊城大学学报（自然科学版）自然科学版，2015（2）：50–57.

[285] 于佩良 . 基于扎根理论的居民参与旅游扶贫演化模型研究 [D]. 广西大学，2019.

[286] 王超 . 我国少数民族地区主客互动型旅游精准扶贫模式研究——基于贵州黎平肇兴侗寨的扎根分析 [J]. 安徽农业大学学报（社会科学版），2017，26（5）：56–62.

[287] 王超 . 精准帮扶与社会治理路径研究——基于贵州肇兴侗寨旅游产业帮扶的扎根分析 [J]. 中国农业大学学报（社会科学版），2017，34（5）：70–78.

[288] Rosenow J E，Pulsipher.Tourism：The good，the bad，the ugly[M]. Lincoln NE：Century Three Press，1979.

[289] Murphy P E.Tourism：A community approach[M].London：Metheuen，1985.

[290] Christina Aas，Adele Ladkin，John Fletcher.Stakeholder collaboration

and heritage management[J]. Annals of TourismResearch，2005（1）：28-48.

[291] Fisun Yuksel，Bill Bramwell，Atila Yuksel.Stakeholder interviews and tourism planning at Pamukkale，Turky[J].Tourism Management，1999（3）：351-360.

[292] R Brent Ritchie.Crafting a value-driven vision for a national tourism treasure[J].Tourism Management，1999（3）：273-282.

[293] Peter W Williams，Robert Penrose，Suzanne Hawkes.Shared-dicision-making in tourism land use planning[J].Annals of Tourism Research，1998（4）：860-899.

[294] Jane Robson，Ian Robson. From shareholders to stakeholders：Critical Issues for tourism marketers[J]. Tourism Management，1996（7）：533-540.

[295] 保继刚，钟新民 . 桂林市旅游发展总体规划（2001—2020）[M]. 北京：中国旅游出版社，2002.

[296] 张伟，吴必虎 . 利益主体（Stakeholder）理论在区域旅游规划中的应用——以四川省乐山市为例 [J]. 旅游学刊，2012，17（4）：63-68.

[297] 冯淑华 . 三百山旅游发展中流域利益主体关系的探讨 [J]. 宜春学院学报（社会科学版），2003（5）：47-50.

[298] 黄昆 . 利益相关者共同参与的景区环境管理模式研究 [J]. 湖北社会科学，2019（9）：81-82.

[299] 张祖群，方巧，杨新军 . 基于文化景观的利益主体经济互动——荆州的旅游人类学实证研究 [J]. 桂林旅游高等专科学校学报，2004（1）：74-78.

[300] 汪伟，孙伟，陈信君 . 利益相关者视角下我国生态旅游发展的困境及路径 [J]. 中南林业科技大学学报（社会科学版），2015，9（5）：78-81.

[301] 陈林婧，陈郁青 . 利益相关者视角的扶贫旅游村民参与模式探讨——以永泰县赤水村为例 [J]. 农村经济与科技，2019（7）：86-90.

[302] 刘伟玮，李爽，付梦娣，任月恒，朱彦鹏，曹恒健 . 基于利益

相关者理论的国家公园协调机制研究 [J]. 生态经济，2019（12）：90–95.

[303] 王刚，汪丽萍 . 社区参与：社会发展的新视角 [J]. 中国社会工作，1998（5）：9–11.

[304] 陈慧婷 . 利益相关者视域下的研学旅行社会支持系统构建 [J]. 商业经济，2017（1）：126–128.

[305] Byrd E T，Bosley H E，Dronberger M G.Comparisons of stakeholder perception of tourism：Impacts in rural Eastern North Carolina[J].Tourism Management，2009，30（5）：693–703.

[306] MoslemGhasemi，Amran Hamzah.An investigation of the appropriateness of tourism development paradigms in rural areas from main tourism stakeholders' point of view[J].Tourism Management，2014（7）：269.

[307] 陈志永，李乐京，梁涛 . 利益相关者理论视角下的乡村旅游发展模式研究——以贵州天龙屯堡"四位一体"的乡村旅游模式为例 [J]. 经济问题探索，2008（7）.

[308] 乔磊 . 基于利益相关者理论的乡村旅游可持续发展模式构建 [J]. 新疆社会科学，2010（5）.

[309] 何艳琳，耿红莉 . 论政府在乡村旅游产业组织模式中的作用 [J]. 商业时代，2012（5）.

[310] 高军波，陈建华 . 利益相关者理论视角下的城市社区重建模式研究——基于平顶山市朱砂洞社区重建实证 [J]. 信阳师范学院学报（哲学社会科学版），2018（4）.

[311] 古红梅 . 乡村旅游发展与构建农村居民利益分享机制研究——以北京市海淀区西北部地区旅游业发展为例 [J]. 旅游学刊，2012（1）.

[312] 韩垚，杨晗 . 基于激励理论的乡村旅游相关主体利益保障机制构建 [J]. 全国商情，2016（12）.

[313] 范轶琳 . 基于利益相关者理论的乡村旅游社区参与提升研究——以临安白沙村为例 [J]. 浙江树人大学学报（人文社会科学版），2011（3）.

[314] 张海燕，罗健阳 . 从利益相关者视角评价乡村旅游绩效——以湘

西土家族苗族自治州为例 [J]. 吉首大学学报（自然科学版），2016（3）.

[315] 单文君，王婉飞 . 乡村旅游产业组织模式的有效性研究——基于交易费用理论视角 [J]. 浙江树人大学学报（人文社会科学版），2013，13（4）：32–38.

[316] 爱德华·弗里曼 . 利益相关者方法 [M]. 王彦华，梁豪，译 . 上海：上海译文出版社，2006.

[317] 伊查克·爱迪思 . 完美管理者 [M]. 张春煜，译 . 北京：华夏出版社，2004.

[318] 托马斯·L. 麦克费尔 . 全球传播：理论、利益相关者和趋势 [M]. 张丽萍，译 . 北京：中国传媒大学出版社，2016.

[319] 巴克霍尔茨·企业与社会：伦理与利益相关者管理 [M]. 黄煌平，等，译 . 北京：机械工业出版社，2004.

[320] 凯西·卡麦兹 . 建构扎根理论：质性研究实践指南 [M]. 边国英，译 . 重庆：重庆大学出版社，2009.

[321] 朱丽叶·M. 科宾，安塞尔姆·L. 施特劳斯 . 质性研究的基础：形成扎根理论的程序与方法 [M]. 刘文，译 . 上海：复旦大学出版社，2015.

[322]Butler R W.The concept of a tourism area cycle of evolution：Implications for management of resources [J].The Canadian Geographer，1980，24（1）：5–12.

[323] 高林安 . 基于旅游地生命周期理论的陕西省乡村旅游适应性管理研究 [D]. 东北师范大学，2014：24.

[324] 丁运超，贾永健 . 基于旅游地生命周期的乡村旅游开发研究 [J]. 安徽农业科学，2010（27）：15302–15304+15308.

后　记

旅游扶贫是我国民族地区扶贫的重要方式，对解决民族地区的乡村贫困问题意义重大。本书以甘南藏族自治州迭部县的扎尕那村为研究对象，一方面，构建、筛选与形成民族地区乡村旅游扶贫目标人群精准识别的指标体系与乡村旅游精准扶贫项目评估体系，应用数据量化识别出扎尕那村旅游精准扶贫的对象，评估、预测、排序乡村旅游扶贫项目，解决乡村旅游精准扶贫中精准识别旅游扶贫对象与扶贫项目的评估问题；另一方面，采用专家导向模型评价区域的旅游扶贫对策，结合评价结论以及旅游精准扶贫对象与项目的基本对应情况，分层次、有步骤地构建扎尕那村乡村旅游精准扶贫的长效机制与对策，为乡村旅游的发展及旅游精准扶贫提供借鉴与参考。

本书分为5章：第1章为扎尕那简介，第2章为民族地区多维贫困测度乡村旅游扶贫对象精准识别研究，第3章为多维贫困视角下民族地区乡村旅游减贫效应评价研究，第4章为民族地区乡村旅游扶贫效应的个案比较研究，第5章为基于扎根理论的扎尕那旅游利益主体诉求及均衡机制研究。

全书由王耀斌、魏宝祥负责整体框架结构的设计、统筹与定稿，具体章节由我的往届和在读研究生们共同编写。其中，赵金行（西北师范大学旅游学院）和秦泽青（西北师范大学旅游学院）负责统稿、修改和后期插图，宋颖（西北师范大学旅游学院）、杨玲（洛阳职业技术学院文化旅游系）、陆路正（陕西师范大学地理科学与旅游学院）、刘秋霞（西北师范大学旅游学院）、白晓文（西北师范大学旅游学院）分别撰写了第1章、第2章、第3章、第4章、第5章。由于作者水平有限，本书可能还存在一些不足，希望读者不吝赐教。

王耀斌

2020年8月

项目策划：张芸艳
责任编辑：张芸艳
责任印制：谢　雨
封面设计：武爱听

图书在版编目（CIP）数据

西北民族地区特色村寨旅游扶贫研究 / 王耀斌，魏宝祥著 . -- 北京 : 中国旅游出版社 , 2020.10

ISBN 978-7-5032-6570-9

Ⅰ . ①西… Ⅱ . ①王… ②魏… Ⅲ . ①民族地区—乡村旅游—扶贫—研究—西北地区 Ⅳ . ① F592.74 ② F127.4

中国版本图书馆 CIP 数据核字 (2020) 第 183321 号

书　　名：西北民族地区特色村寨旅游扶贫研究

作　　者：王耀斌　魏宝祥　著
出版发行：中国旅游出版社
（北京静安东里 6 号　邮编：100028）
http://www.cttp.net.cn　E-mail:cttp@mct.gov.cn
营销中心电话：010-57377108，010-57377109
读者服务部电话：010-57377151
排　　版：小武工作室
经　　销：全国各地新华书店
印　　刷：北京盛华达印刷科技有限公司
版　　次：2020 年 10 月第 1 版　2020 年 10 月第 1 次印刷
开　　本：720 毫米 × 970 毫米　1/16
印　　张：12.75
字　　数：187 千
定　　价：49.80 元
ISBN　978-7-5032-6570-9